思春期の
子育て
羅針盤

子どもに
クソババア
と言われたら

文
田村節子×
博士（心理学）
マンガ・イラスト
高野 優

教育出版

はじめに

子育てに奮闘していらっしゃる皆様へ

ひとりひとりのお母さんは、お子さんにとってかけがえのない大好きなお母さんです。でも、子育ては「親自身の子ども時代」までも問い直すような大事業。これまでたくさんの相談をお受けしましたが、「母親失格」と思い詰めてしまうお母さんが何人もいらっしゃいました。それほど子育ては不安で難しいもの。特に子どもは思春期になると心も体も豹変します。突然「クソババァ」などと口走るのもこの時期です。親としては関わり方がとても難しい時期。この時期をうまく乗り越えるコツをわかりやすく伝えようとしたのが前著の『親と子が幸せになる「XとYの法則」』（ほんの森出版）です。

前著がきっかけとなって、高野優さんが司会を務めるNHK教育テレビ「となりの子育て」に出演させていただきました。そして、この出会いがこの本を

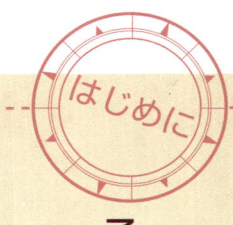

生むきっかけになりました。この本は「XとYの法則」を質問に答える形で伝えようとしたものです。さらに、人柄の温かい高野さんの描く親子の漫画が内容を的確に伝えてくれています。ぷーっと笑ってみたり、そうそうとうなずいてみたり…。

皆様がこの本によってお子さんの怒濤の思春期をともに、温かい気持ちで通り抜けていただけたらと心から願っています。そして、お子さんが自分らしく自分の足で人生を歩んでいくための一助になれたなら…こんなに嬉しいことはありません。

最後に、この本に命を吹き込んでくださった高野優さん、編集者の青木佳之さん、デザイナーの伊藤由希子さん、そして、この本を手にとってくださった皆様へ心からの感謝を…。この本は本当に幸せな本だと思います。

田村 節子

contents

もくじ

×3

目安　中学校3年生頃～

contents

もくじ

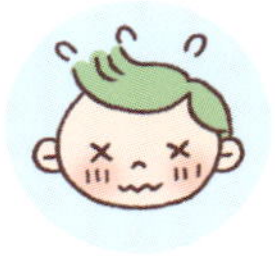

Y3

目安　中学校3年生頃～

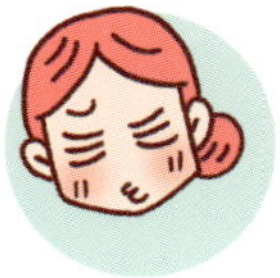

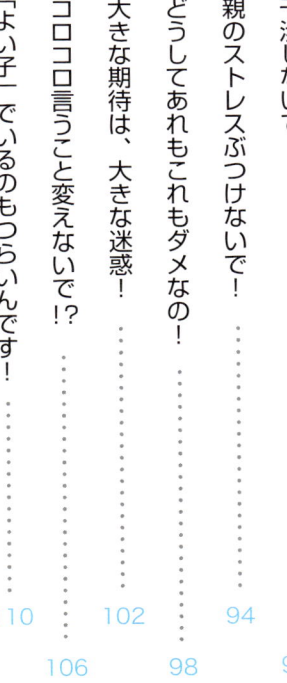

contents

もくじ

●カバー＆本文デザイン　伊藤由希子

思春期の子育て羅針盤

XとYってなあに？

思春期の
子育て
羅針盤

XとYってなあに?

はじめて子どもを授かった時、私たちはぽーんと「子育て」という大海原に放り出されます。

多くの親はそこで途方に暮れてしまいます。

「どのように大波をよけていけばよいのだろう。」

「どっちの方向へ漕いでいったらよいのだろう。」

「子育ての最終目的地はどこなのだろう。」

疑問や不安がいっぱいです。

大海原を航海するには、羅針盤が必要です。この本では子育ての羅針盤を示します。特に、子どもが大きく変わりはじめる思春期に焦点をあてて、わかりやすく説明していきます。この時期は、母親が「クソババァ」と初めて言われてどん底の気分を味わったり、父親が無視されて仲間はずれの寂しさを味わったりする時期でもあります。

今、子どもが思春期まっさかりの方、これから思春期に突入する子どもをおもちの方、まだ子どもが小さい方（あと数年であっという間に思春期を迎えます）、ご安心ください。これからは羅針盤があります。

子育ての羅針盤はシンプルなXのグラフです。「X」のグラフは、思春期をうまく乗り越えられる「親と子どもが幸せになる子育て」の羅針盤です。図をご覧ください。

縦軸は力の大きさです。横軸は子どもの年齢です。

オレンジ色の親の線をご覧ください。子どもが赤ちゃんの時に一番力を使うので、一番大きなところから線が始まります。子どもの成長にともなっ

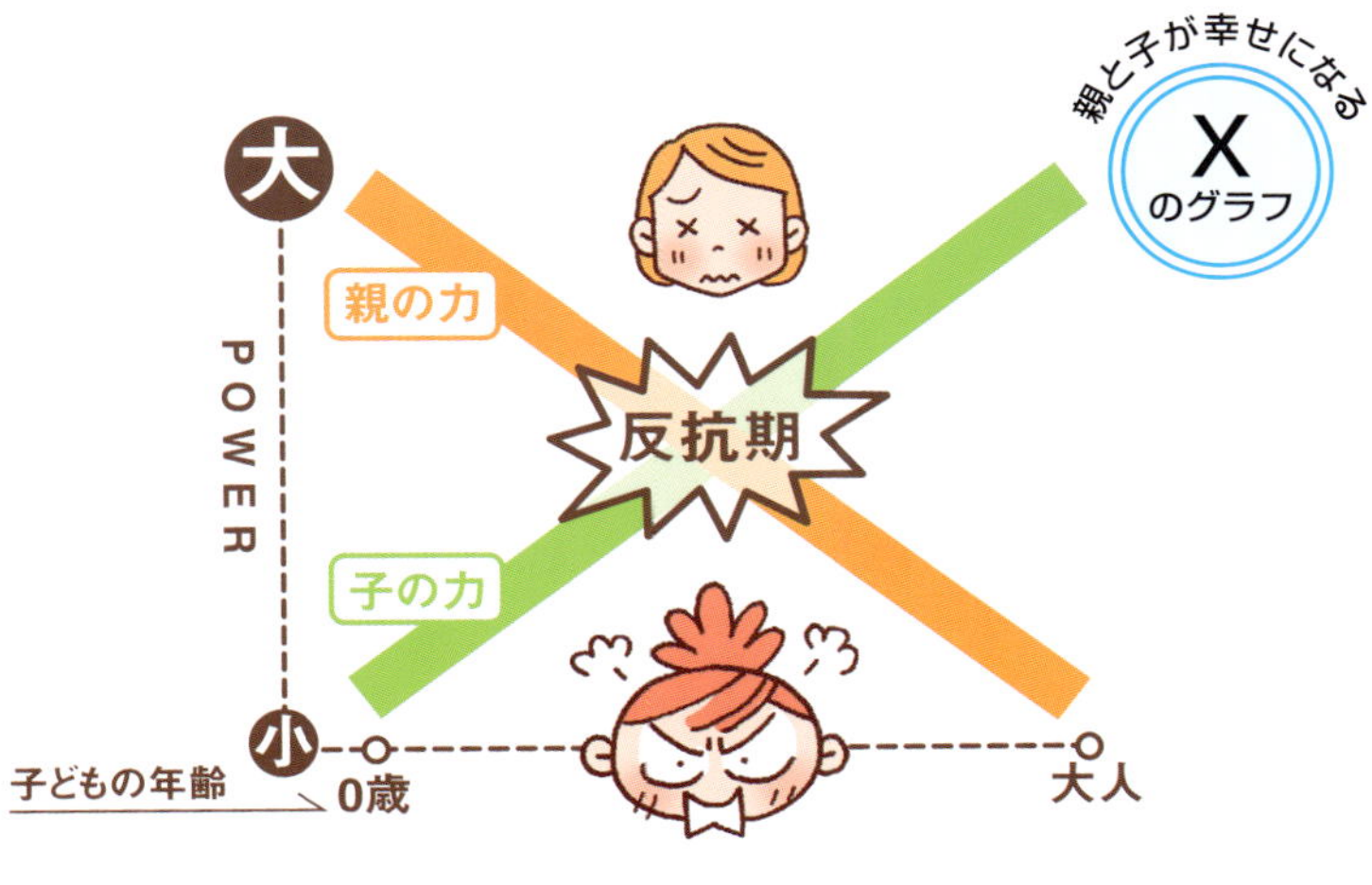

親と子が幸せになる
X
のグラフ
大
POWER
小
親の力
子の力
反抗期
子どもの年齢
0歳
大人

て親が子どもに使う力は少しずつ減っていきます。親の線は右下がりになっていきます。それとは反対に緑色の子どもの線は、最初は赤ちゃんですから一番小さいところから始まります。しかし、だんだん大きくなって自分のことが自分でできるようになるので、子どもの線は右上がりになります。これが自然な成長です。さて、この図では親の線と子どもの線が交わるところが出てきます。ここがいわゆる反抗期です。反抗期は、子育ての目標である自立（「自分で考えて、自分で行動して、自分で責任をとる」）ができるようになってきた証拠です。

このように親と子の力がXの形のグラフになるのが「子育ての羅針盤」です。

それでは、羅針盤がない場合にはどのようになってしまうのでしょうか。親が陥りやすいYのグラフも見てみましょう。スタートは、親の線も子どもの線も「X」と同じです。しかし、子どもに使う親の力の線は途中から「X」のように下がっていきません。子どもの線も「X」のように親を抜いていくことができません。つまり、いつまでも子どもだと思って親が子どもに力を注いでいる形になっています。しらずしらずに親の関わりが過保護（手の出し過ぎ）や、過干渉（口の出し過ぎ）だったり、期待のし過ぎや、厳し過ぎだったりします。

このように親がつい転ばぬ先の杖をついたり、先回りしたり子どもに願いを押しつけたり、厳格になり過ぎたりするのは、子どもがかわいいからこそです。でも、惜しいことに「子どもの気持ち」や「願い」が無視されているので子どもにとっては「圧力」と感じてしまいます。それでも、子どもは親の愛情や期待にこたえたいと思い努力しようとしますが、ストレスを抱えた心は苦しく辛いのです。そして、自分らしさもなかなか出せないため自立ができにくくなってしまいます。

でも、安心してください。子育てはいつだって軌道修正できますから…。（129ページ参照）それでは、どうぞ気になったページから読んでみてください。

きっと子育てのコツがつかめていただけると確信しています。

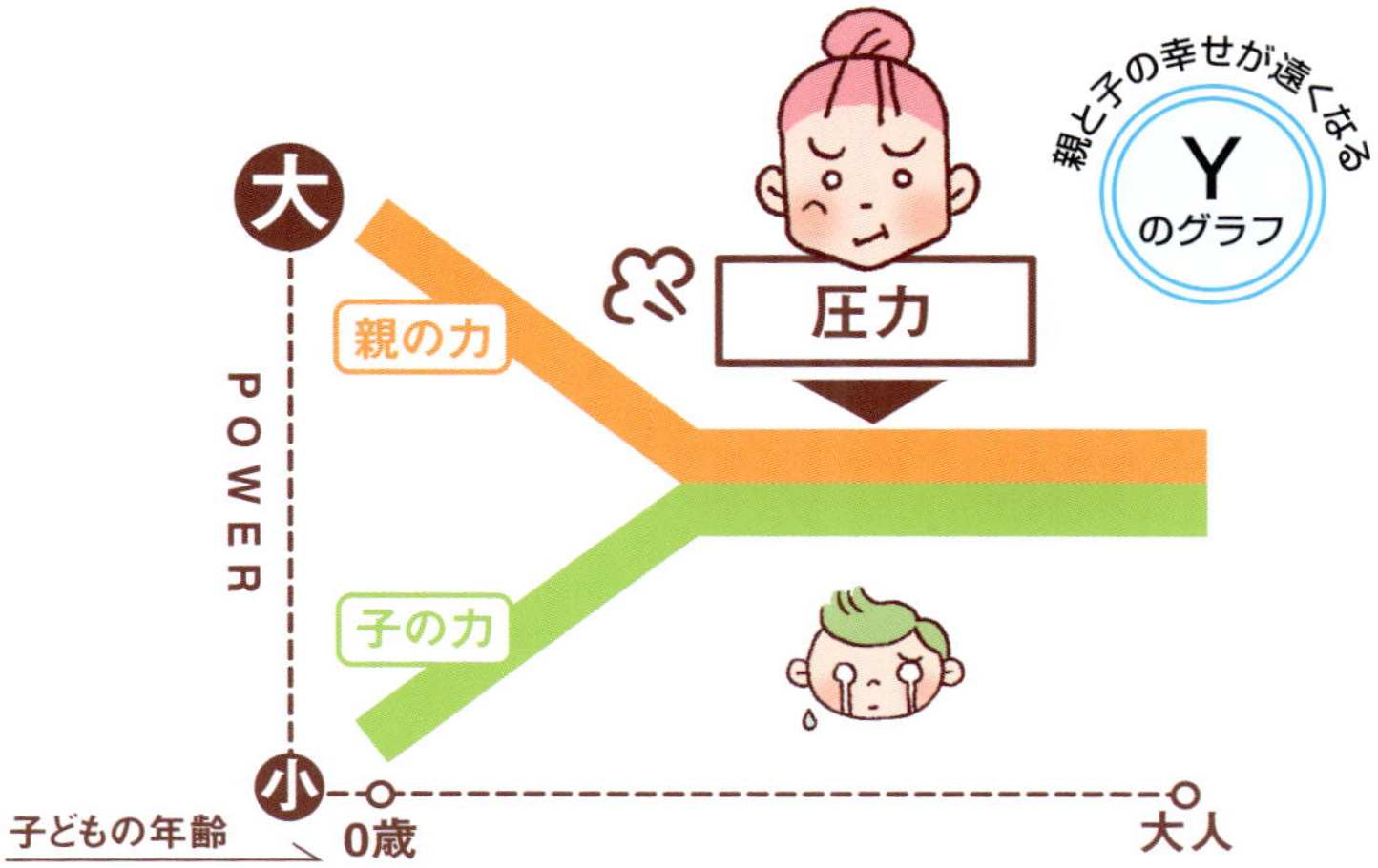

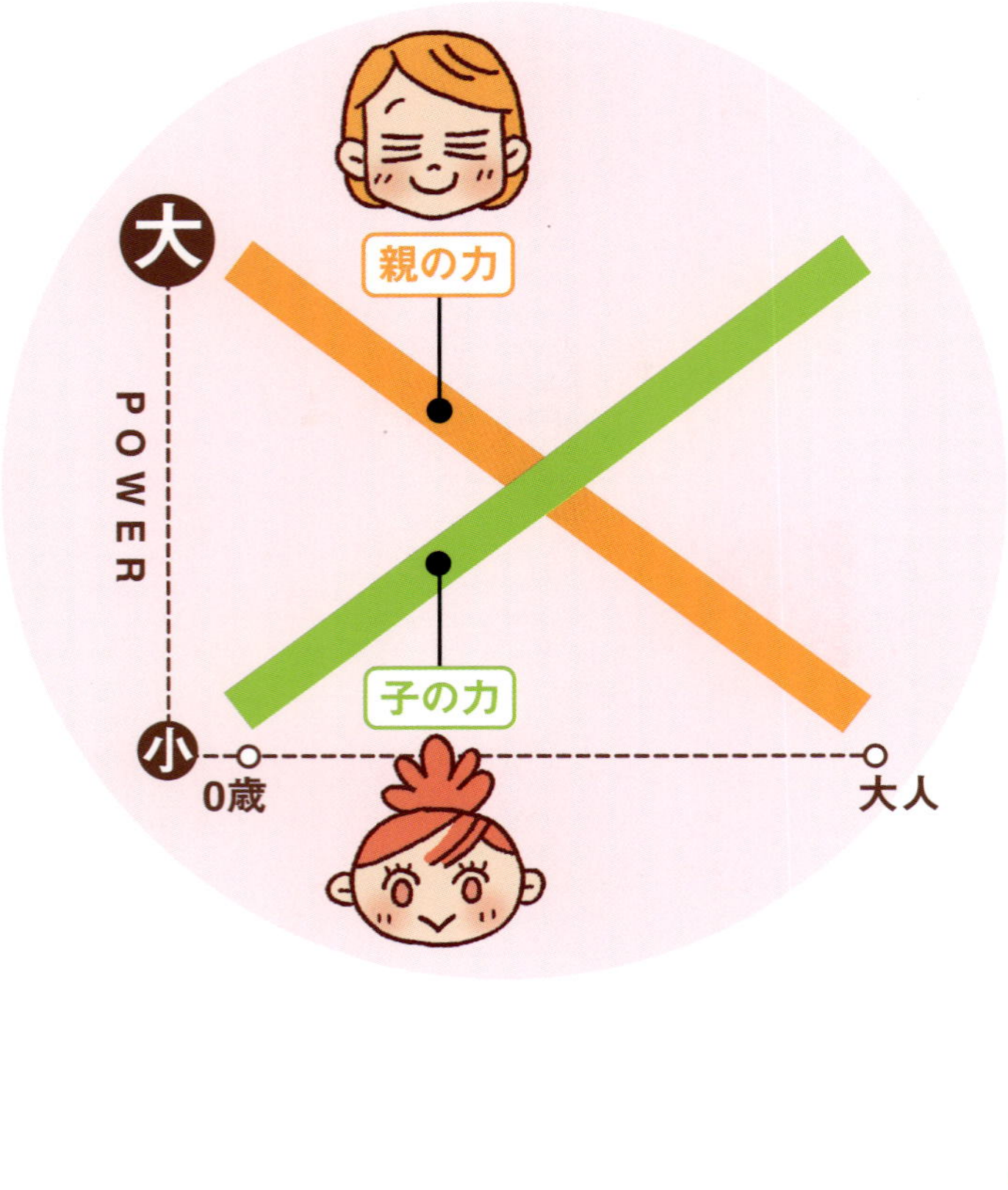
大
POWER
小
親の力
子の力
0歳
大人

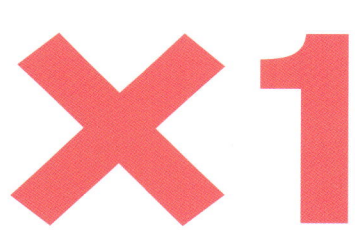

X1

目安：小学校3・4年生頃～

従順だった子が反発し出す

心当たりがあれば、X1のステージかも

check!

- □ 時々返事をしない
- □ 何でも自分で選びたがる
- □ 「だって」と口答えをする
- □ すぐ怒る
- □ 親の言うことをきかない時がある
- □ おふろに一緒に入らなくなった

×1

1 ちょっとほめすぎかしら？

ふだんは仕事で帰りが遅く、子どもの寝顔しか見られないのですが、週末は子どもとサッカーをします。上手になったとほめると、「ぼく、パパより上手だよ」って満面の笑みではしゃぎます。ちょっと、ほめすぎていないか心配になることがあります。

お菓子もよく一緒に作ります。見た目はイマイチですが、味はなかなかのものです。ほめると、「ぼく、お菓子屋さんより美味しいお菓子作れた」って、嬉しそうです。

ちょっと、ほめすぎているでしょうか？

from teacher

A

ほめるとのびる!!

子どもはほめられることが大好きです。親は子どもが喜ぶ姿を見るのが大好きです。そして、ほめることでよい行動が強化されてやる気も出てきます。では、どうしてほめすぎているかも…と不安になるのでしょうか？　親心から「子どもが自信過剰になるのでは？　自慢して嫌われるのでは？」と心配になるのかもしれません。

しかし、「ほめる・認める」という行為は、親が思う以上に子どもの人格形成に影響を与えていきます。なぜなら、子どもは親に認められたりほめられたりすることで、「自分の能力が認められた」「自分はこれでいいんだ」と、自分の存在を肯定できるようになるからです。つまり、価値あるものとして自分を尊べる「自尊心（自尊感情）」が育まれていきます。この自尊心は心理的に安定するための礎となりますから大変重要です。自尊心が育っていない子どもは、自分を大切に思えないばかりか他人がどうなってもかまわないという気持ちをもつことがあります。例えば、自尊心を傷つけられた子どもは、自分の感情をコントロールできなくなって、怒りを爆発させたり、自分はどうなってもよいのだと投げやりになったりします。自尊心をもてなくなった子どもの苦しさは想像以上のものがあります。

「お手伝いしたら親がほめる」「ごはんを残さず食べて親にほめられる」などという場面は何気ない日常の一コマですが、その一日一日の積み重ねの上に子どもの自尊心は育っていきます。ただし、思ってもいないのにほめるのは禁物です！　子どもは親の気持ちをしっかりと見抜いていますから。「○○できたね」などと事実を認めるだけでも、この時期の子どもには十分なほめ言葉となります。

子どもをシャワーのようにほめよう！

2 ちょっとぐらい聞いてほしいんだけれど・・

娘はつい最近まで、とても手のかかる子どもでした。明日の時間割を揃えるのも、宿題の確認も、朝起きるのも母親である私の手伝いが必要でした。

ところが、最近は、なぜか私を避けようとしているみたいです。昨日は、出がけに忘れていた体操着をもって追いかけると、ちょっと迷惑そうな顔をして黙ってひったくるように取っていきました。「この服を着ていったらどう?」って聞いたら、「いいって言ってるでしょ!」とすごい形相でにらまれました。

少しは、私の言うことを聞いてほしいけれど、これから、ずっとこのような毎日になるのでしょうか。

from teacher

A 自分のことは自分でしたい!!

小さい頃は、親の言うままに素直に従っていた子どもも、だんだん、親が手を出すことをうっとうしく思うようになってきます。子どもが急に離れていってしまい、どう話しかけたらよいかさえわからなくなってしまうこともあります。そうなると親はとても不安になります。

でもこれは、順調に子どもが成長してきている証拠です。つまり、自己決定力が大きく育ってきたサインです。自己決定力とは自分でものごとを決めようとすることです。自分で決めたことがうまくいき自信をもってくると、子どもは自分のことは"全て"自分で決めたいと思うようになります。もちろん、まだ「全て」を自分で決めてその責任を取ることはできませんから、さしずめ自立への羽ならしの時期と言えます。

子どもが物事を自分で決めるためには、一生懸命親を遠ざけなければなりません。親に見つかれば親はこれまでのように子ども扱いして、「この方がいいよ」と決めつけて接してくるからです。子どもにとっては大きなお世話です。しかし、子どもは親が思う以上に親を大切に思っています。だから、むげに親を遠ざけ親を悲しませることは極力避けようとします。子どもも葛藤しているんですね。

親をうっとうしく思うサインが見えてきたら、そろそろ子ども自身が決めたことを尊重する時期が近づいてきたと受け取りましょう。

「ちょっとぐらい私の話を聞いてほしいけれど」…それは子どものセリフかもしれません。まだまだ子どもだと思っていたのに、いつの間にか自分のことは自分でできる年齢になっていたんですね。子どもが確実に発達課題をクリアして成長している姿だと喜びましょう。

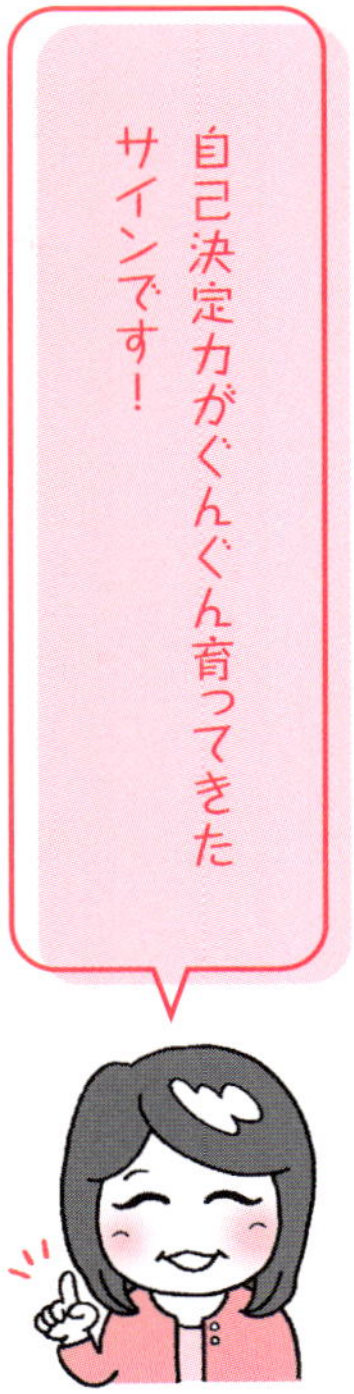
自己決定力がぐんぐん育ってきたサインです！

×1

③ えっ！嫌われたのかしら・・・？

朝起きると、いつの間にか布団に入ってきたり、買い物に連れて行くと必ず手をつないで離れなかったわが子。頭をなでるといつも嬉しそうに抱きついてきました。そんな甘えっ子だった息子が、最近、急にしっかりしてきたので頼もしく思っていました。

ところが、授業参観日の帰り道、よくやったねって頭をなでて手をつなごうとしたら、恥ずかしそうな顔をして、「なにすんだよ!」と出した手を振り払われてしまいました。

私は、一瞬、何が起きたのかとびっくりしたのですが、子どもは何事もなかったかのような顔をしています。私は、嫌われてしまったのでしょうか。

from teacher

A ついに来た親離れ・子離れのサイン！

子どもに近づいたり、触ったりしようとすると子どもが嫌がる…急に、こんなふうになると親として寂しいし、人前で子どもにこのような態度をとられると親は恥ずかしいと思うかもしれませんね。でも、心配はいりません。

小さい頃は、おんぶやだっこ、手をつないで歩くなど、子どもは親との接触を好みます。親の体温からぬくもりを感じ、子どもは親が安全な基地であると実感します。スキンシップは心の成長にとってとても大切な愛着の基礎であると言われています。そして、親と一緒に何かをしたり親からほめてもらったりして、子どもはとてつもなく大きな安心感を得て、他者を信頼することを学びます。

ところが、成長し思春期の入り口にさしかかると、子どもの様子が一変します。急に親を避け始めます。スキンシップは思春期の子どもにとっては、子ども扱い、赤ちゃん扱いされることの象徴に変化してしまいます。特に、異性を意識し出すこの頃は、異性の親にその反発は激しく出てきがちです。男の子はお母さんに触られると、「何すんだよ!」と手を払いのけます。女の子は「お父さんの座った椅子には座りたくない!」などと極端に父親を避けたりします。どちらもどこの家庭でも見られるありふれた風景です。これらは一種の通過儀礼とあっさり受け流しましょう。「どうして避けるんだ!」と叱ってみたところで、子どもは自分の内面に起きている変化を理路整然とは説明ができません。心や体の中からわいてくる感覚だからです。

かえって、反発をエスカレートさせるだけですから、深追いせず、子どもを信じてこの時期が去っていくのを待つしかありません。親を避けるのは、決して親を嫌っているからではなく、子どもが成長してきたからこそ出てくる態度なのですから。

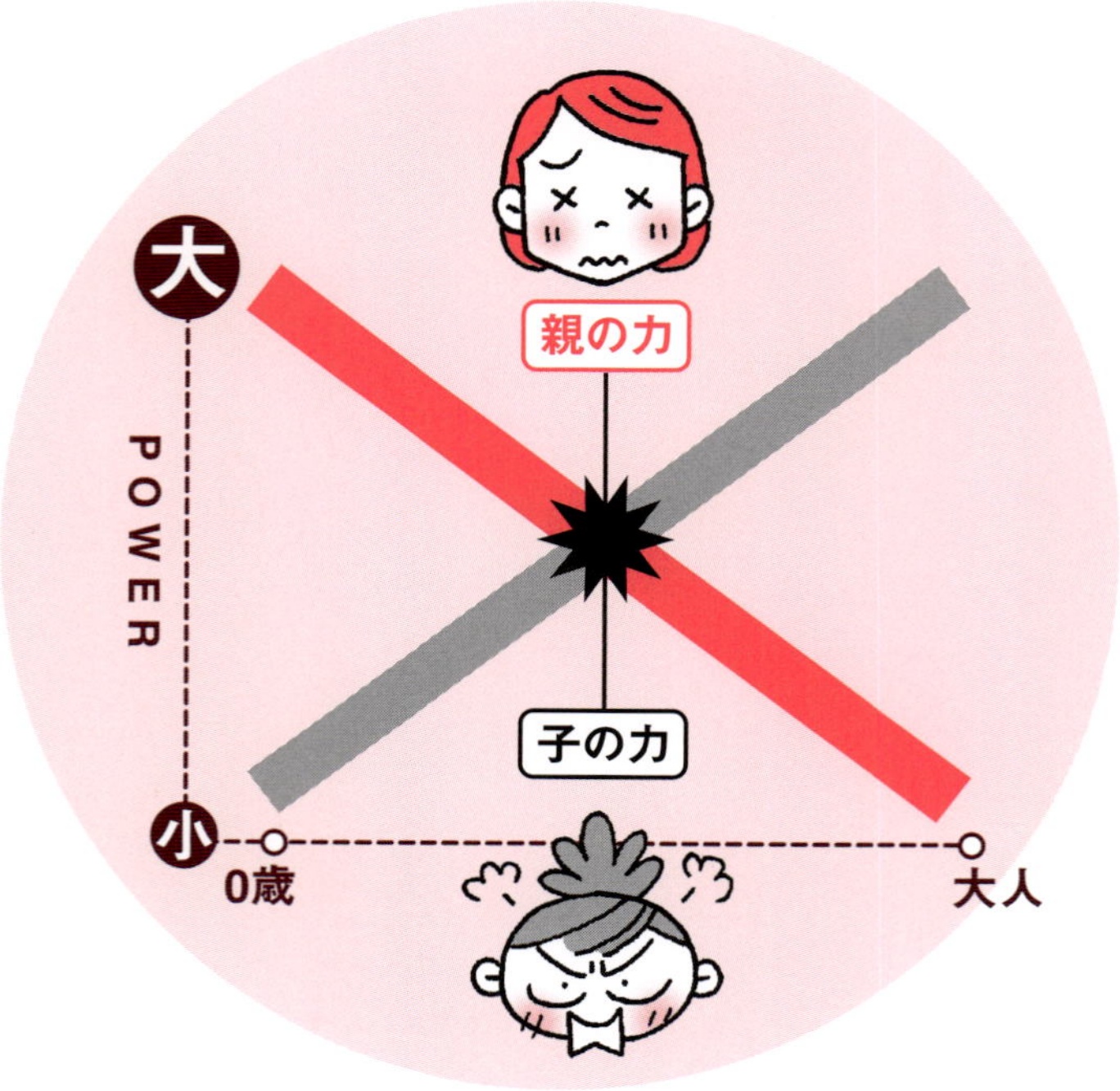
大
POWER
小
親の力
子の力
0歳
大人

×2

目安：小学校5・6年生頃〜

親とぶつかり出す

心当たりがあれば、
X2のステージかも

check!

- □「うるさい」「ウザイ」を連発する
- □「あっち行って」と、親を遠ざけようとする
- □ 親を「あの人」と呼び始めた
- □ 不機嫌そうにむっつりしている
- □ 親が何か言うと喰ってかかる
- □ 父親を煙たがる
- □ 母親を「クソババァ」と言う

×2 ① まだ子どもでしょ！

小5になってから
前まではおしゃべりだったのに×××
急に話さなくなった。
せめて…
『うん』とか『すん』とか言って〜!!
家族で食事に誘ったらー
オレ行かない
なんでさからうの!?
まだ子どもなのに!!

学校でのできごとや、友達の話を嬉しそうに話してくれていたわが子。

小学校五年生になったら急に話をしなくなってしまいました。話しかけても、返事さえしないときがあります。

先日は、家族で食事に誘ったのに、「オレ、行かない」の一言。その後はおきまりのだんまり。以前であれば、喜んでついてきたのに。

理由も言わず、だんまりを決め込むので何もわかりません。親から急に離れてしまったようにも感じます。まだ子どもなのにこの先、どうなってしまうか心配です。

from teacher

A

だんまりも成長の証！

親と行動しなくなるのはこの時期の特徴です。これまでは常に親と一緒に行動していた子どもでしたが、成長とともに親と一緒にいることが子どもっぽいことと感じるようになります。まして友達に見られたらたいへん。人からどう自分が見られているかに人一倍過敏になる時期でもあります。思春期が過ぎれば、また一緒に家族で出かけられるようになりますから、無理強いはしない方がいいでしょう。

そして、「だんまり」は「いよいよ思春期の入り口に入りかかりましたよ」というサインです。それまでは子どもはたいていのことは包み隠さず話をするので、親は手に取るように子どもの行動や考えがわかり安心できます。

では、なぜ話さなくなるのでしょうか？

思春期になり自我が成長してくると、自分でいろいろと考えるようになります。つまり、「なんのために勉強するのか？」「なんのために生きるのか？」「自分は何をしたいのか？」「自分は何が好きなのか？」などと自己を洞察するようになります。自分の考えを話すと親にいちいち否定されたり干渉されたりするおそれがあります。まともに親と言葉でわたりあったら絶対にかなわない…だから、だんまりを決め込む。

親からはまだまだ子どもに見えますが、自己洞察や哲学的な悩みを通じて、自分がどのような一生を送るかというおおよそのストーリーを作り上げていく大切な時期なのです。ついに来た親離れの序章だと思って、細かなことには口出しせずに、しばらくそっとしてあげてみませんか。

ただし、友だちと行動しなくなったり、好きなことをしなくなったり、表情があまりに暗い時は、いじめなど別の要因が隠れているかもしれませんから注意しましょう。

だんまりは自己洞察の時期。
そっとしておきましょう！

〜つい昨日まで〜
もう ゲーム おしまいにして 寝なさい
はーい
それなのに 今は。。。
はい ゲームおしまい
・・・・
なんで 私だけ 守らなきゃ いけないの？。
むっす〜
大人と子どもは 違うんだから!!。と 言っても きかないしー
ムカツク〜

起きる時間や寝る時間、遊びや宿題の時間と、規則正しい生活をするように心がけ育ててきたつもりです。子どもも、私が「約束したでしょう」と言えば、ゲームに熱中していても、（ときにはしぶしぶながらでも）言うことを聞いてきました。

ところが、先日、「子どもにだけ時間を決めるのはずるい」と言い出したのです。

「大人と子どもは違う」と言ったら、「どこが違うの」と聞いてきて、説明しても「なぜなぜ」としつこく問い詰めるのです。

口答えされているようで、だんだんむかついてきました。感情的になって叱ることはしないと決めていたのに、自信が無くなってしまいました。このような子育てで大丈夫でしょうか。

from teacher

A

子どもの反発は大人への第一歩

子どもが小さいときは、親は絶対的な権威をもっています。だからこそ子どもは親に言われたことは素直に聞き入れて行動してきました。では、なぜ急に親に口答えをするようになるのでしょうか？

それまで子どもは、親や周りの人の言動をよく観察して自分に取り込んできました。

取り込んでいく過程において親や周りの人は子どもにとってモデルとなります。しかし、自我が育ってくると自分の考えをもつようになります。そして、時には親の言動についても疑問をもつようになり、自己主張するようになります。自己主張が高じて、時には親への批判となることもあります。親としては権利だけを主張し、義務や責任を果たさない子どもに対し、むっとしたりします。「なぜ、大人に許されていることが子どもにはだめなの！」と、親のやっていることが納得できないというのは、この時期の子どもが感じるもっとも大きな疑問でしょう。

時には、親もたじたじの理論をぶつけられて、親が子どもを納得させられないという事態が起きることもあります。それは、実は、子どもが親を論破した瞬間であり、親としては子どもの成長を喜ぶべき瞬間でもあります。少々悔しいですが…。そうやって大人に一歩一歩近づいていくんですね。

でも、子どもの主張がまちがっている時には、しっかりと威厳をもって子どもに伝えましょう。例えば、「あなたはまだ十二歳でしょ。夜寝ているときに成長ホルモンが出るのよ。しっかりと眠ることもあなたの仕事よ」と。

でも、子どもの誤った主張には、威厳をもって正しましょう！

③ある日突然怪獣に変身？

いままで従順だった
わが子。
ところがある日ー
そろそろ宿題したら？
うっせえんだよ
…たく
カイジュウに
変身したかのよう…

「宿題終わったかな？」「まだぁ、いまからすぐやるぅ」…と、ついこの前まで従順だったわが子。これまで、親の言うことは、素直に聞いてくれていました。

ところが、それは、ある日突然やってきました！

何気なく言った私のひとことに、わが子がキレた！

しかも、見たことのない怖い顔つきで…「うっせぇんだよ！」

思わず「えっ？何？今、なんて言ったの？」と、問い返すと…

「そういうところがうぜぇんだよ！」と、とりつく島もありません。すっかり変わってしまったわが子に戸惑っています。

親として私は、どうしたらいいのでしょうか？

from teacher

A 「うっせぇんだよ」は、自分ができてきた証拠！

うちの子に限って、まさかそんな言葉が口から出るとは…と、子どもの豹変ぶりに親はびっくり。どうして、そのような乱暴な言葉を子どもは使うようになるのでしょうか。実は、子どもの自我の成長に秘密があります。

それまで、親の保護がなければ生きていけなかった子どもが、自我の成長とともに、自己決定力や自己コントロール力を発揮できるようになってきます。そして、自分で決定し、自分で行動したくなってきます。これが、いわゆる自立の兆しです。

言い換えれば、子どもは「失敗してもいいから、自分なりにやりたい！（でも内心は、不安）」。親は「見ていられない！（親の言う通りにしてくれないと不安）」。

このせめぎ合いに子どもが勝つためには、力でねじ伏せるか、親を論破するしかありません。しかし、多くの子どもは力で親をねじ伏せることも、親を十分納得させるだけの力もまだもち合わせていません。なぜなら、たいていは人生経験豊かな親の言うことが正しいからです。親の言うことが正しくても、親の言う通りにはやりたくないのがこの時期のやっかいな子どもの心理です。そこで、あれこれ指示してくる親を子どもが確実に引き離せる方法…、それは強い言葉で親をつっぱねること。それが「うっせぇんだよ！」の心理学的な意味合いです。

一見ひどい言葉である「うっせぇんだよ！」は、思春期の入り口に立った子どもが編み出した、親を遠ざけ無用な戦いをしないための優しい選択なのかもしれませんね。

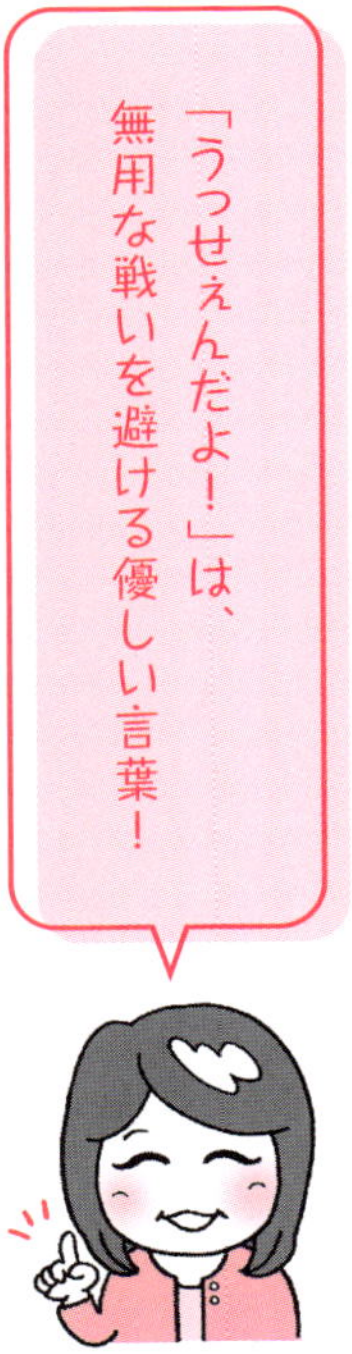
「うっせぇんだよ！」は、無用な戦いを避ける優しい言葉！

×2

4 親を見る目がなんか変わった!

親のことを
お父さんってスゴイ!!
尊敬
していたわが子ー
ところがある日ー
親父さぁ家でいばってるからえらいかと思ってたら
ぷーっ
ただのペーペーのサラリーマンじゃん!!
もう
がっくり

私の子どもは、参観日の公開授業で、尊敬する人を聞かれたとき両親と答えていました。少し恥ずかしかったのですが、周りからは子育てが上手とほめられて悪い気はしませんでした。ところが、先日、友達との話が耳に入り、がっくりきました。
「親もただの人じゃん」と話していたのです。
今までとの落差が大きいことから内心では軽蔑しているのではないかと心配です。
このような状態でも、親として関わっていけるのでしょうか。

from teacher

A

もろくも崩れる親への幻想！

子どもは、親に食事を用意してもらい、病気をしたら看病してもらい、必要なものは買ってもらい、すべての生活を親に依存しながら生きています。そして、子どもはこのような力のある親を世界一偉い人であると認識しながら大きくなっていきます。

では、なぜ、思春期になると親に幻滅するのでしょうか。

親への幻滅は思春期に起きるごく普通の現象ですが、子どもの成長の過程に答えがあります。思春期になると、子どもの社会性が育ち友達と親密に交流するようになります。そして、向けられる関心もそれまでは家庭と学校の限られた先生や友達との世界だけだったのが、もっと広く社会へと向いていきます。アイドルに熱を上げたり、社会で起きている問題に関心をもち始めたりします。同時に、「家庭の中での親の地位」と「社会の中での親の地位」を相対的に実感できるようになってきます。家庭では偉そうにしているお父さんやお母さんが、社会の構図の中では絶対的な権力をもっているわけではないことを実感するようになります。そして、これまでの親がもっている絶対的な権力が幻想であったことに気づきます。いわゆる価値下げ（ディスカウント）が起きます。

これでは親も形無しでは…と落胆することはありません。思わぬ副産物があります。親もただの人であると実感することで、親は乗り越えられる対象となれるのです。そして、子どもは自立しやすくなります。

親が尊敬する対象でなくなることはありませんから安心してください。

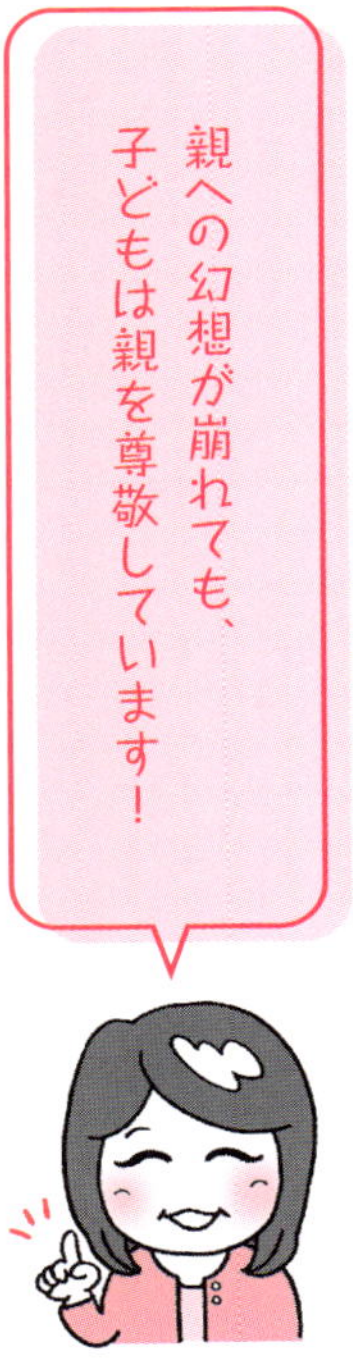
親への幻想が崩れても、
子どもは親を尊敬しています！

5 ショック! 初めて浴びた「クソババア!」

ウチの子は
やさしくていい子
それが今じゃ・・・
クソババア!
いちいちうっせえんだよ
どうしたらいいの?

心優しい人になってほしくて、小さい頃から心温まる本を読み聞かせてきました。その甲斐あって、上品で優しい子と先生方からおほめの言葉をいただくことも少なくありませんでした。ところが、先日、遊びに熱中しているわが子が何度言っても返事しないので、強く叱ったところ、「クソババァ…」と、耳を疑うような言葉を返したのです。

このような言葉を知っているだけでもショックなのに、私に向かって言うなんて。これから、どうすればよいのでしょう。

from teacher

A

「クソババァ」は、子育て大成功の証！

ついこの間まで、「ママ」「かあちゃん」「お母さん」「パパ」「とうちゃん」「お父さん」などと親を呼んでいた子ども。それが突然「クソババァ」と言うなんて。うちの子に限って絶対そんなこと言うはずがないと、確信をもっていた親ほど「クソババァ！」が出るとたじろいでショックを受けてしまいます。

わが子の豹変ぶりにびっくりですね。成長にともない、子どもは自分のことは自分で決定し行動したいという欲求をもつようになります。「クソババァ」は、いつまでも子ども扱いされていることに対する反抗期開幕宣言!?ととらえましょう。親にとってはいつまでも「親の言うことを聞いてくれるかわいい○○ちゃん」でいてほしいという願望があるかもしれません。しかし、子どもは「私は親の思い通りになるいい子ちゃんじゃないんだ！ だって自分には自分の考えや価値観があるんだから。なんでも親の言う通りにはしたくない。なんでわからないの！」という思いが高じて「クソババァ！」となるわけです。「親の願い」と「子どもの思い」のズレを「クソババァ」という短い言葉が見事に表現しています。

子どもの成長には、親も心の痛みを伴うものなのかもしれませんね。でも、やっぱりその言葉は嫌だという方には、「思春期語自動翻訳機」の出番です。「クソババァ！」は「私を信じてください」と翻訳しましょう。危なっかしくて、ついつい口も手も出したくなるけれど、子どもを信じて任せてみましょう。子どもの気持ちも聞かずに一方的に押しつけると大きな反発だけが返ってきます。できる限り自分でやらせて、その結果の責任は自分でとってもらいましょう。でも、まだよちよち歩き。ギブアップした時にはさりげなくフォローしてあげましょうね。

6 何を話しているのか心配！

友だちが遊びに来たときはいつもドアを開けて
ねー♥
ホント!!
たわいもない話をしていた
お菓子をもっていくと
おいしそー
大喜び
いつものように友だちが遊びに来たある日ー
絶対入ってこないで!! お菓子は自分でとりに行くから!!
全面シャットアウト!!
なにをしゃべっているのか心配×××

私の子どもはよく友達を家に連れてきます。お菓子をもって行くと友達も喜んで私に話しかけてくれました。学校生活などがよくわかり、私も友達を連れてくるのを楽しみにしていました。ところが、先日、友達が遊びに来ると部屋に入るなと言うのです。いつもより小さい声でしゃべっているようで、中の話し声も聞こえてきません。

どんな話をしているのか、心配になりました。

子どもたちだけにしておいて大丈夫でしょうか?

from teacher
A

友達は自立に欠かせない大事な存在！

幼い子どもは、ぺらぺらと何でも親に話します。しかし、思春期になると突然、何も話さなくなります。なぜなのでしょうか。それは、自我が成長し自立が始まってきたからです。自立とは、子どもが親から離れていくことですが、この時期の子どもは親から精神的に全て自立するだけの自信がまだありません。そこで、親離れするために友達同士、しっかりとつながって自立の不安を和らげつつ親から離れていきます。

この時期の友達は、小学校の頃のような群れをなして遊ぶような、表面的なつきあいではありません。思春期になると、友達とより内面的な関係を築くようになります。いわゆる親友を作るようになってきます。

それでは友達と確実にしっかりとつながる方法はなんでしょうか。そうです。親友との間で秘密を共有するのが一番です。「アイドルや好きな子のこと、ちょっとエッチな話。親や先生、兄弟姉妹の悪口。第二次性徴に伴って変化する自分の体と友達の体の成長度合いの情報交換。親には知られたくない将来の夢や目標」など、子どもの心のページには秘密が満載です。

ですから、気になるでしょうけれど、秘密は心理的自立への第一歩！と腹をくくりましょう。秘密をしっかり守れるというのも自我が成長してきた証なのですから…。

どうしても気になる方には、ここでも「思春期語自動翻訳機」の出番です。「べつに…」は「心配しないで」と翻訳しましょう。子どもの世界の全てを知りたいけれど、聞きたくても聞き出さない覚悟が親にも必要なようです。すべて聞いて子どもを丸裸にしたら、はらはらするのが親の常。干渉したくなります。親に全てのことを話さないのは、ある意味子どもの優しさかもしれませんね。

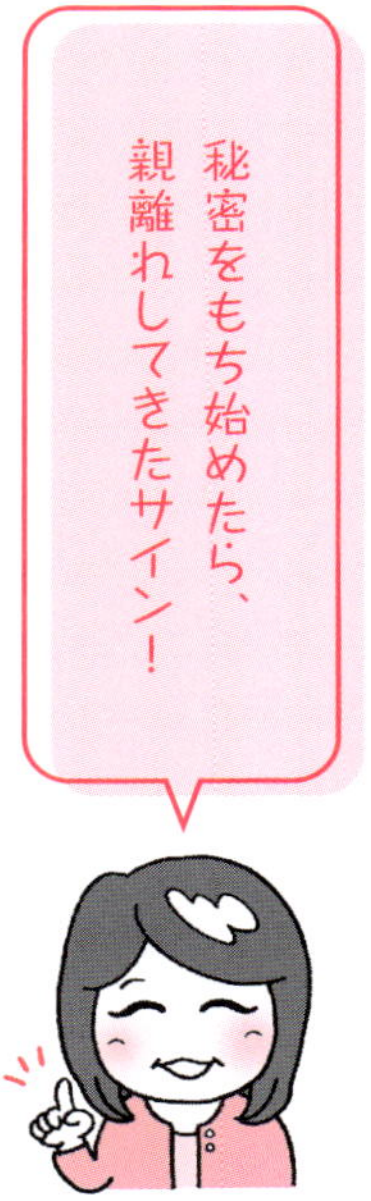

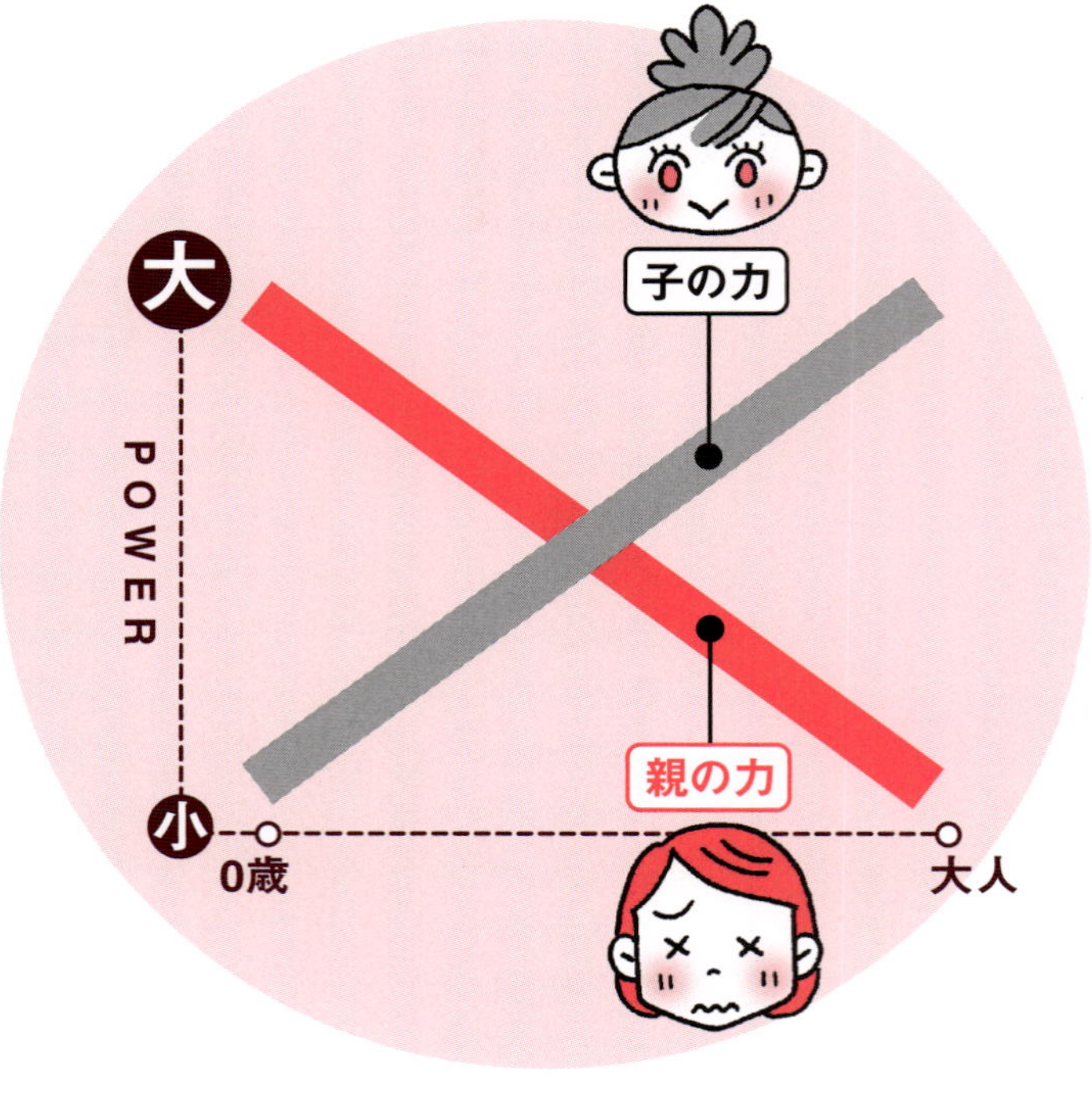

大
子の力
POWER
親の力
小
0歳
大人

X3

目安：中学3年生頃～

親とぶつかることが少なくなる

心当たりがあれば、X3のステージかも

check!

- □ 肝心な話は「べつに」「まあ」とそらされる
- □ 親友がいる
- □ 秘密が増えた
- □ 進路について自分の意見を主張する
- □ 異性と交際している

×3

1 受験勉強まかせて大丈夫なの!?

受験が近いのに
部活に熱中 ×××
そろそろ受験だよね
うん
部活引退したら
勉強やるよ〜
のんびり〜
子どもを信じたい!!
でも一向に勉強する気配がない。
必死にこらえなきゃ!!

中学校三年生の息子。三者面談では、「第一志望校は希望はあるが、かなりの努力が必要」と言われました。それなのに、放課後も週末も部活でくたくた。子どもは、「夏休みの公式戦を終えたら勉強に専念するから」といっこうに気に留める気配がありません。

ところが、先日、友達のお母さんからこのままでは追いつけなくなるから、早く受験塾に通わせるように勧められました。

私たち夫婦は、子どもに任せようと決めていたので何も言わないようにしているのですが、だんだん不安が出てきました。このままで、大丈夫でしょうか。

from teacher
A 自分で計画、自分の勉強!

いっこうに勉強する気配がない子どもを目の前にすると、親はついつい「勉強しなさい」と言いたくなってしまいます。それは、どうしてでしょうか? 実は、親の不安からつい「勉強しなさい」という言葉が出ることが多いのです。

では、親はなぜ不安になるのでしょうか。

「子どもが高校に落ちて傷つくのを見たくない」「高校に落ちたら周りの人から何か言われそう」「祖父母や親戚の手前受かってもらわないと困る」など、親側の事情のことが多いようです。子どもはそれらを見透かしています。これまでお話したように、子どもは親の期待と異なるかもしれませんが、自分のことは自分で決めていきたいのです。

子どもはこの時期、勉強よりも大切なことを育んでいるのかもしれません。社会に出た時に部活等で得た経験や友情は、窮地に立たされた時の支えになります。親は勉強を優先しがちですが、社会に出たら知力だけではなく、やる気や他の人とうまくやっていく力が求められます。自己決定力や自己コントロール力や自己責任、社会性などは今育てることが大切です。社会に出たとしても、対人関係がうまくいかなくて挫折してはそのダメージも大きくなってしまいます。

また、親の勉強の仕方（コツコツ型など）と子どもの勉強の仕方（短期集中型など）が異なっている場合もあります。勉強の計画は子どもに任せ、その結果が良くても悪くても責任をもつように子どもに話しましょう。結果が良くても悪くてもその結果は子どものもの。子どもの人生なのですから、親には子どもに任せる覚悟が必要ですね。

自分に合った勉強の仕方を
見つけられるのは、子ども自身！

×3

② デートなんて、まだ早いでしょ!

遊園地へ行くと
行ってきまーす
グループででかけた娘。
8時には帰って来なさいよー!!
はーい
あとは信じるのみ×××
本当はー
男の子と合流するかも
悪いことしないでよ
と言いたかったけれど
やめておいた
時間どおりに帰って来て。。。
ただいまー
ホッ

娘は仲良しグループに入っています。女の子ばかり数人のグループで、夏休みの共同研究や、遠足の買い物などいつも一緒です。週末は、順番に友達の家を訪ねて一緒に勉強しています。ときどき、計画を立てて遊園地や映画に行くこともあります。ところが、最近は男の子のグループと合同で出かける計画を立てているようです。何か間違いが起きないかと心配だったのですが、門限を守ることだけ言って送り出しました。

男女交際、このまま見守っていればよいのでしょうか。

from teacher

A

異性を意識しだすのも成長の証!?

親友ができて秘密を共有し、がっちり友達とくっついて自立していくと×2-6でお話しました。この時期になると、それまでの友達づきあいも少しずつ変化していきます。それでは、どのように変化していくのでしょうか。

思春期は第二次性徴を迎え、声変わりなど男の子は男の子らしい体つきになります。女の子は生理が始まるとともに胸も膨らみ女の子らしい体つきになってきます。これらの体の変化は、近年は低年齢化しつつあります。体の成長と心の状態のアンバランスが生じ、近年の子どもたちは思春期を過ごすのが大変難しくなっていると言えるでしょう。

それはさておき、思春期は異性に関心をもちはじめる時期です。「あの子が好き」という自然な感情に伴い友達関係も変化してきます。同性の友達以上に異性とのつきあいを大事にしはじめます。この時、つきあうことを否定したり、口うるさくし過ぎると、子どもは陰でこそこそ付き合うようになります。なるべく交際がオープンになるように、相手のことを根ほり葉ほり聞くことはやめた方が無難です。親に相手を紹介してくれればそれに越したことはありません。これまでの親と子の信頼関係が試される時ですね。

子どもを信じる…ということは簡単そうで難しいもの。親がどのように声をかけたらよいのか迷うこともしばしばですが、つい一言余計なことを言って、逆に子どもの望ましくない行動を引き出してしまうこともありがちなことです。でも、門限などは子どものいいなりにならず、だめなものはだめ！と親が制限を示すことも時に必要です。そして、ルールを決める際には、子どもの意見も取り入れて守れるようなルールを決めることがコツです。

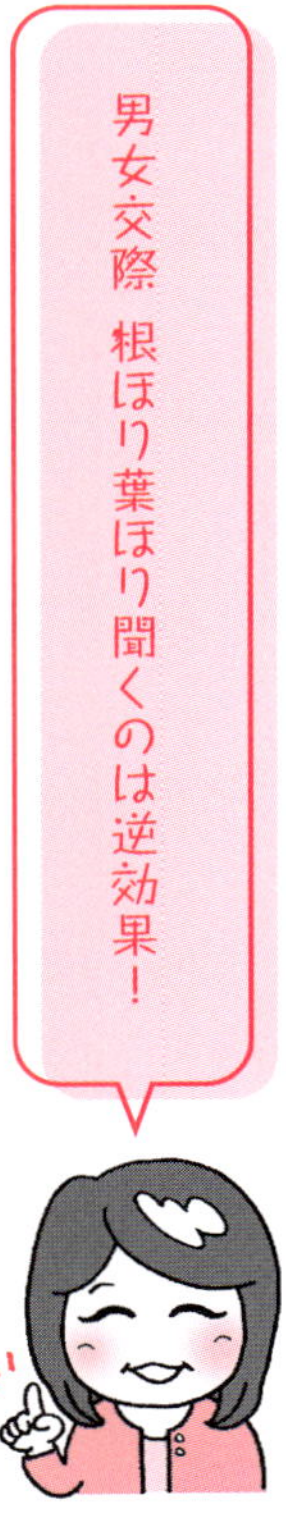

3 夢を託していたのに…

デザインを やりたいから
デザイン科のある 高校へ 行く!!
と宣言した息子。
進学校に行くって 言ってたじゃない!?
親が説得してもきかず 先生からも 親が説得されー
仕方なく 同意することに。。。
こくん
子どもは夢見て
生き生き している。

中学三年生の息子。三者面談で急にデザイン科のある高校に行きたいと言い出しました。成績もよく、そのまま進学校に進んで父親と同じ道に進むと思っていた私はびっくり。「大学に入ってから進路を決めては」と言ったのですが、それでは歳を取りすぎてしまうと言うのです。家に帰って、父親も交えて話をするとまたびっくり。息子は、一年ごとの目標を書いたしっかりした計画を作っていました。たしかに、大学を卒業してからだと一人前になるのが遅くなってしまうようです。父親は、先の見えない時代だから、子どもに任せようと言います。

早すぎる進路決定のように思うのですが、見守るしかないのでしょうか。

from teacher

A

夢に向かって歩き始めたら、子育て最終章！

子どもにやりたいことが見つかったらすばらしいことです！　しかし、親が思っていたのと違った道に子どもが進むと、親は不安で仕方がないものです。親が歩んでこなかった道は、親自身が分からないからです。親の時代と、最新のテクノロジーに囲まれている今の時代では職業選択の幅は大きく異なっています。

例えば、○○クリエーター、◇◇コーディネーター、△△コンシェルジェ、□□プラクティショナーなど、親にはちょっと聞いただけでは内容がよくわからない職業がたくさん生まれています。このような職業名を見るだけでも、今の子どもと親の時代感覚のギャップに相当な開きがあることがわかります。

子どもの自立には、親からの「精神的な自立」と親からの「経済的な自立」があります。自分で自分の職業選択を行い、それに向かって進路を歩んでいくことは、親からの経済的な自立を視野に入れた子どもの成長です。職業に対する選択が早すぎるということはありません。いざとなれば途中で変更することだって可能なのですから…。

職業をなかなか選択できなくてもあわてることはありません。ゆっくり時間をかけて子どもの夢を育んでいきましょう。「子どもの得意なこと・好きなこと・楽しめること」などがキーワードになります。また、親がどのように進路を選択してきたかを話してもいいでしょう。親自身が今の自分の人生を楽しんでいる姿を子どもに見せることも効果がありそうです。子どもは「親の言う通りになる」のではなく「親のようになる」のですから…。

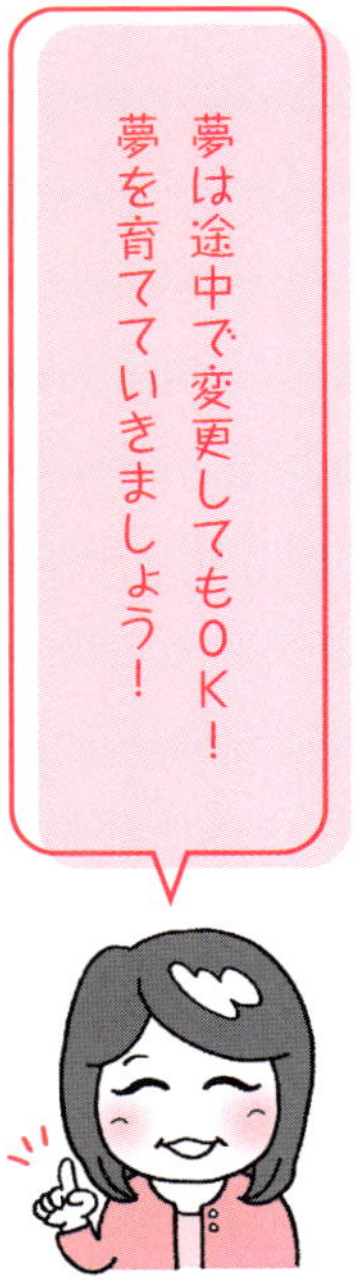
夢は途中で変更してもOK！
夢を育てていきましょう！

田村節子
×
高野 優

SHORT STORY

私の子育て

SHORT STORY

高野優

わが家の3姉妹

長女15歳・次女12歳・三女8歳

ここのところー
子どもたちから凹む言葉を言われっぱなし
しかも 立て続け×××
トップバッターはまさかの次女。
いちいちうざいんだよ!
わーん
泣きながら「うざいんだよ」発言。
それを聞いたとき『怒る』でもなく『悲しむ』でもなくー
・・・・
ただただ
おとなしかったあの子が…
呆然。
石化
お次は末っ子。スキーに出かけたときのこと。
足が冷たくてもうダメ〜!!
ぐすぐす
ゲレンデさむーい!!

じゃお母さんのくつ下はく？。
ぴく。
←服のこだわりがひどい。
ーきもいくそばばあの
くつ下なんてやなこった
小3にして「クソババア」発言。
あたしったらひどい子ー!!
我に返った
しかも「キモイ」のオプション付き。
2連発でかなりまいっているときにー
お弁当箱洗っておいてって言ったよね
あ。
忘れてた
長女噴火!!
ざけんなよ
台所で仁王立ち。
傷口に塩。。。

なにがなんだか。。。

SHORT STORY

田村節子

わが家の3兄弟

わたしには二歳ずつ歳の離れた三人の息子がいます。もう三人とも成人しています。子どもたちが小さい頃は、できるだけ“自然”にというのがわが家の子育ての方針でした。ところが、それを貫くのは簡単ではありませんでした。なぜならわが家の子どもたちは裸が大好きだったから。外遊びはいつも上半身、裸。ところがある日、思わぬ波紋が。「まるで猿みたいね。ご主人の出世にかかわりますよ」というありがたいご助言。若かりし私はびっくりして夫に相談しました。すると夫はひとこと。「一生、自分の家族のことを気にかけてくれる人の言うことは聞いた方がいい。でもそうでないなら自分の好きなようにしたらいい」というわけで、裸での泥遊びは続行。子どもにはのびのび遊ばせました。

上の二人が小学生、下の子が幼稚園の時私は働き始めました。子どもたちの生活は一変。「僕も連れてって！」と泣かれたり、「頭をぶつけた」と小さな声で職場へ電話をかけてきたり…、必要とされている時にリアルタイムでそばにいられないことは辛かった！　たくさんの人に助けられながらも、働きながら子育てする大変さを存分に味わいました。寂しい思いをさせてしまったという負い目はまだ私のどこかにあります。

思春期になると、息子たちと夫の意見が衝突し殴り合いのけんかになったことも。私も「クソババァ、母さん、うっさい！」と言われ、偉そうなことは言えませんが、少しずつ子どもに教えられて子離れしていきました。いろいろなことが起き心配がつきない日々もありました。こんな日々も今となっては笑い話。

今しみじみ思います。

「生まれてきてくれて本当にありがとう」と…。

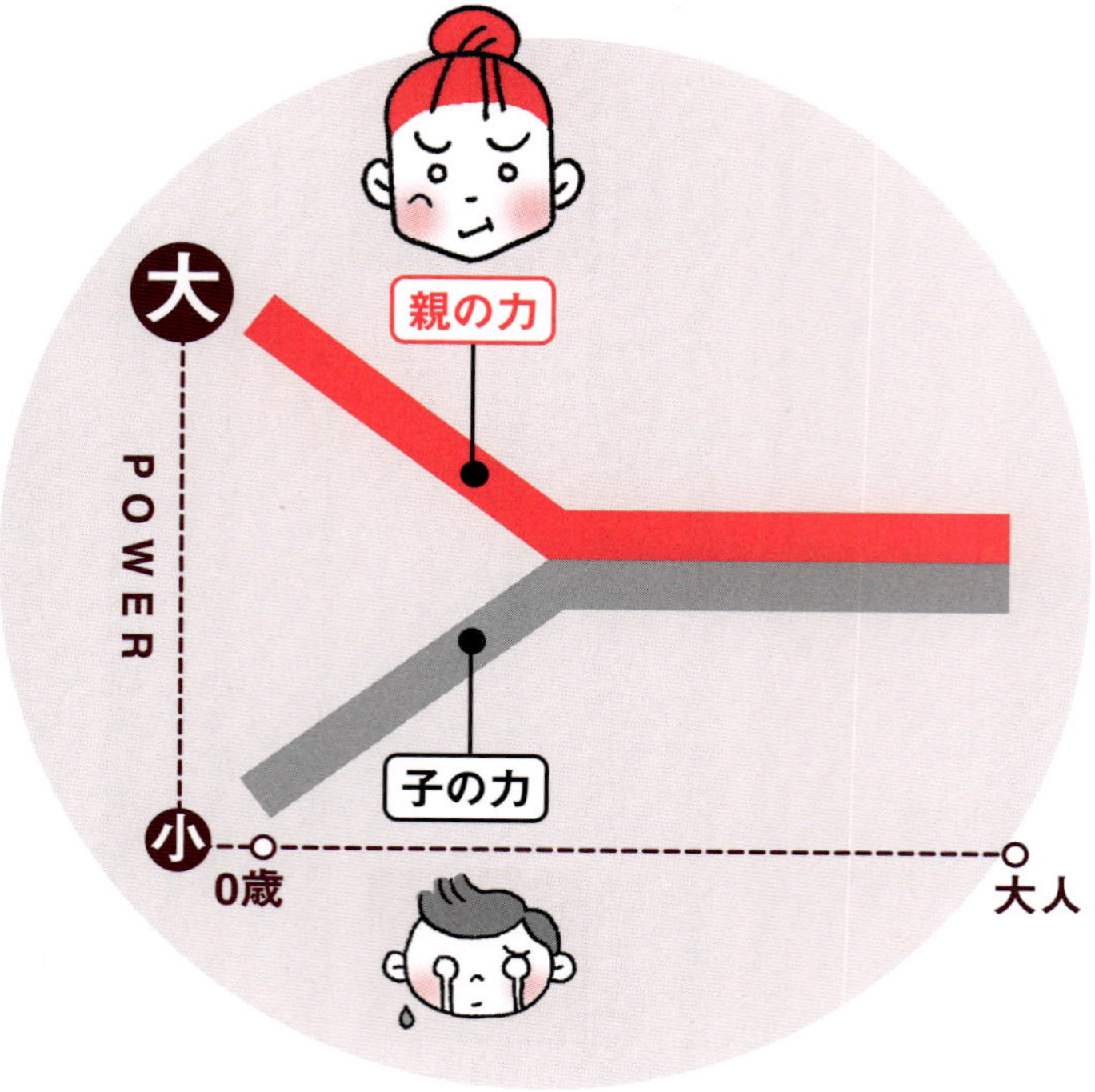
親の力
大
POWER
小
0歳
子の力
大人

Y1

目安：小学校3・4年生頃～

少しずつ反発してみる

心当たりがあれば、
Y1のステージかも

check!

- □ すぐあきらめる
- □ 遠慮がちにものを選ぶ
- □ 親の意見に逆らわない
- □ すぐひがむ
- □ 年齢より幼く見える
- □ 年齢より大人びて見える

1 一緒にやりたい気もち、わかってよ!

お父さん
遊んで!!
疲れてるんだ
そのうちな
いつも同じ答え
お母さん
パン作りたい!!
忙しいのよ
食べたいなら買ってきて
一緒に作りたいのに

休日になると、子どもが一緒に遊んでほしくて夫にまとわりつきます。夫は仕事で疲れているので、なかなか「うん」と言いません。すぐにごろ寝をしてしまいます。子どもは、あきらめずにすぐできそうなことを次々と提案するのですが、なかなか夫も私も遊んであげられません。「そのうちね」「あとで」の連発です。

最近子どもは、私たちに遊ぼうと言わなくなりました。内心ほっとしていますが、遊んであげられないことに罪悪感もあります。でも無理して子どもの要求に応えていたら、きっと体がもたないと思うのです。どうしたらいいでしょうか?

from teacher

A 安心感を得られるには？

子どもは親と一緒に遊んだり、親のお手伝いしたりすることが大好きです。そして、放って置かれることは苦手です。それは、なぜでしょうか？

それは、私たち人間も動物であるというところにヒントがあります。例えば犬の赤ちゃんは母犬のそばにまとわりついて離れません。母犬に体をくっつけて気持ちよさそうに寝ている姿を見たことのある方も多いと思います。つまり、人は誰か特定の他者との間に親密な関係を築き、それを通して自分は安全であるという感覚（安心感）を絶えず求めています。親と子どもがじゃれ合ったり、笑い合ったりして子どもは親に愛され守られていると実感できるのですね。

反対に子どもが言い出したことを、親が無視する態度をとり続けていると、「自分自身を否定されている」と勘違いしてしまいます。その結果、情緒的に不安定になってしまうことにもなりかねません。そうかと言って子育ての時期は親も仕事や家事が忙しい時期、休日は体を休めたいですよね。

そこで、子どもが言い出したことをいったん受け止めてみることをおすすめします。例えば、遊びに応じられない場合には、「父さんと遊びたいんだね。お父さんちょっと疲れているから、一緒に横になってテレビでも見ようよ」と腕枕をしてあげるとか…。

たとえ、すぐに応じられなかったり、単身赴任や出張等で離れていたりしても相互信頼に満ちた関係を築き、何かあったときには助けてくれるという見込みや確信が得られれば子どもは安心感をもてますから大丈夫。

2 お母さん、本当に私のこと好き？

いつも
弟ばかり
食べものが
なんでも大きい。
お母さんは私より
弟のほうが
大事なんだ…。
男の子のほうが
たくさん食べると思って
よそっていただけ。
量なんて まったく
意識していない。
へっ？

子どものころ、私が姉と比べられて育てられたので、大人になったら絶対に子どもたちを差別しないで育てようと心に決めました。

ところが、先日、娘が「ママは弟が一番好きなんだよ」って夫に話しているのを聞いてショックを受けました。いつも弟の方がおやつやおかずが多いと言うのです。

平等に盛りつけているのになんでこんなことを言うのでしょうか？

from teacher
A

親の愛情は、食べ物で測られている！

子どもにとって親にかわいがられる子どもであるかどうかは、存在意義にも関わる大問題です。なぜなら、子どもは親の庇護のもとに育ちますから、「庇護がない＝生きていけない」ということを本能的に察知するからです。それでは、子どもはどうやって親の愛情を測るのでしょうか？　多くの子どもたちは、口をそろえて「食べ物の量」や「食べ物が出される順番」をあげます。例えば、あるお姉ちゃんはショートケーキのいちごをいつも妹にあげます。妹がだだをこねるのでお母さんが「お姉ちゃんなんだからあげてね」と言うからです。姉は本当はいちごが大好き。どうしてあげたの？と聞くと「あげないとお母さんが悲しむから」。その子は妹のためではなく、お母さんが悲しむ姿を見るのが辛くていちごをあげていたのですね。もちろんこの子は妹の方がお母さんにかわいがられていると思っていました。食べ物を出す順番もいつも妹が先だからです。その結果、妹は姉をお姉ちゃんとは呼ばずにいつも名前で呼び捨てです。姉への価値下げの心理が働いているのです。

心理学的には「食べ物」は「愛情」の象徴です。お母さんが誰に最初に食べ物をあげるのか、誰にたくさん食べ物をあげるのか?を観察し、子どもは本能的にお母さんが誰をかわいいと思っているのか察知しているのです。つまり、食べ物を通じて、「自分がどう扱われているか」を子どもは感じ取っています。お母さんがお父さんの食事の用意をしないと、子どもはお母さんにとってのお父さんの存在価値を知ることになります。多くのお母さんは食べ物の量や順番を考えずに無意識に食べ物を家族に出しています。無意識だからこそ、気をつけたいものですね。食べ物は命をつなぐかけがえのない物なのですから。

3 自分なりに勉強頑張ったのに！

やっと平均点とれた!!
お母さんにほめてもらおう
目標はあげていかなくちゃ。
平均点なんてあたり前でしょ
だって…平均点くらいとってほしいって
いつも言ってたじゃない…
ほめてくれないなら
もう勉強なんてやる気ないよ…

娘は、算数が苦手です。どうも分数でつまずいていたようです。ある日計算力テストがありました。娘は帰ってくるなり、「お母さん、平均点とれたよ」とうれしそうにテストを差し出しました。見てみると、簡単な問題を３問も間違えています。なんだかがっかりして大きなため息が出てしまいました。

励ますつもりで、「じゃぁ、今度は全部解いて１００点とってね。」と言いました。

とたんに娘の顔が暗くなってしまいました。

何か悪いことを言ってしまったのでしょうか?

from teacher
A

勉強のやる気を出すには！

自発的に行った子どもの行動をほめると、ほめられた行動が増加することがわかっています。よい結果に結びついた行動は繰り返される傾向があり、悪い結果に結びついた行動はくり返されなくなる傾向があるといった、人間の行動に備わっている性質です。

これを子育てに応用すると、子どもは自分が行ったことがうまくいったり、ほめられたりすると、自分から進んで行おうと思うようになり自発性が育ってきます。しかし、子どもが自分から行ったことの結果がうまくいった時に、親が陥りがちな落とし穴があります。それは、つい次の目標を口走ってしまうことです。例えば、子どもが珍しく一生懸命勉強してテストを平均点の70点がとれたとします。あなたはどのように子どもに声をかけるでしょうか？「よくがんばったね。毎日努力していたものね」と言えた方はOKです。結果もプロセスもほめられれば子どもはいっそう勉強する気持ちになります。しかし、多くの親は、つい、こう言ってしまいます。「惜しかったねぇ、うっかりミスがなかったら100点だったね。次は100点目指そうね」と、次の目標を言われたとたんに、子どものこれまでのがんばりは失敗になってしまいます。子どもを励ますつもりが、子どもの得たよい結果やプロセスをほめることを飛ばしてしまうと、子どもは自分の行いによるよい結果に責任がもてなくなります。自我の成長で大事な部分である、自分の行いの良いことも悪いことも自己責任をとるという力が育ちにくくなってしまいます。私たちはつい、次の目標を口走りがちですが、その前にしっかりプロセスをほめてあげましょう。それが子どものやる気を引き出すコツとなります。

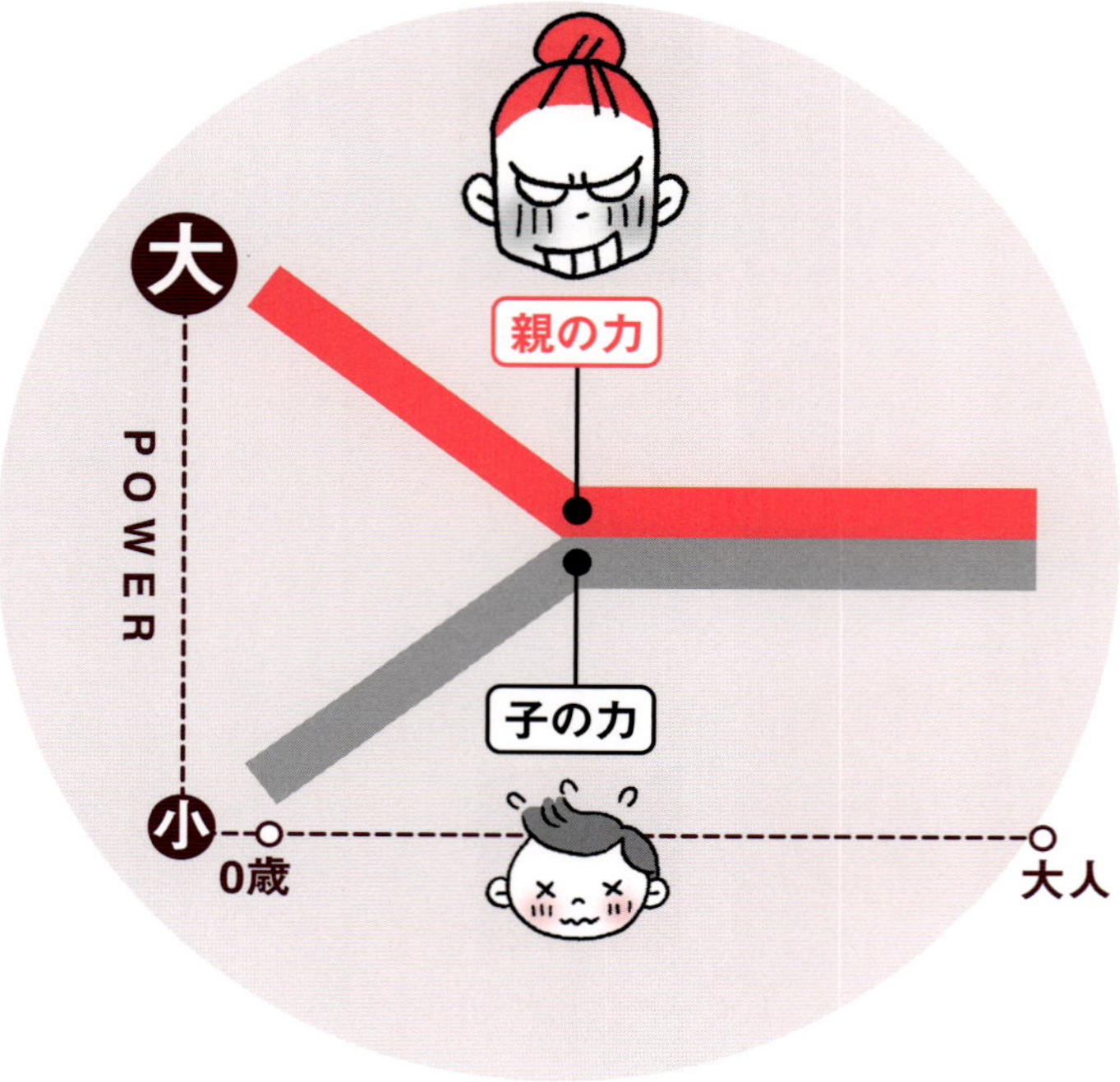
親の力
子の力
POWER
大
小
0歳
大人

Y2

目安：小学校5・6年生頃～

自分に自信がもてなくなる

心当たりがあれば、Y2のステージかも

check!

- □ 親の顔色を見ながら話をする
- □ 自分の意見や気持ちを言わ(え)ない
- □ 「頭が痛い」「おなかが痛い」など体の不調が多い
- □ いわゆる「よい子」である
- □ どっちでもいいといって決断しない
- □ つらくてもいつもニコニコしている
- □ 時々かんしゃくを起こす

この服ほしいー♥
ダメダメ…
こんな派手な色似合わないわよ
ねっ♥
こっちにしたら
でも…
こっちがいい
これだったら学校にも着て行けるでしょ
これください♥

先日、娘と服を買いに出かけました。すると娘は、今流行の胸の大きく開いた赤い服を欲しがったのです。でも派手すぎると思ったので、私は紺色の清楚な服を買うように勧めました。娘はちょっと反論したのですが、「友達やお父さんだって、その方が好きだと思うよ」と言うと納得したようでした。

しかし、娘にせっかく新しい服を買ってあげたのに、喜ぶどころか落ち込んでいるように見えたのでなんだか腹が立ってきました。お金を出すのは親なのですから、これでいいのですよね。

from teacher

A

つい奪ってしまうその子らしさ!

親は子どもの服装や子どもの行動を自分の好みに合わせたいと思いがちです。そこで、ついつい口を出したり、手を出したりしてしまいます。口出しは子どもの代わりに親が考えることです。過干渉ともいいます。親が考えてしまうと子どもは自分で考えることをやめてしまいます。なぜなら、親は経験豊かだからです。子どもが親以上のことを考えて親を納得させたり論破したりすることは難しく、ちょっとやそっとでは親に太刀打ちできません。だから、心ならずも従ってしまうのです。親にとっては転ばぬ先の杖のつもりでも、ずっと口出しされて育った子どもは、親が敷いたレールの上を走らされているような気持ちになります。このように育った子どもが一様に言う言葉があります。

それは…「自分がない」。

子どもは「自分は何が好きで、自分は何がしたいのか」など、全くわからなくなってしまいます。そして成長しても自分の人生が楽しめなくなり、無気力になったりします。

手出しは、子どもの代わりにやってしまうことです。過保護ともいいます。子どもが自分でできることまで親がやってしまうということは、年齢以下の対応をしてしまうことですから、知らぬ間に子どもの社会性を遅らせてしまいます。

口出しも手出しもどちらも子どもの成長を止めてしまいます。では、どうして親は口出ししたり、手出ししたりするのでしょうか？　それは、子どもの将来の幸せを願う親の愛情からです。親に悪気はないのです。しかし、結果的にその子らしさを奪ってしまいます。子どもが自分のことは自分で決定し、自分で行動できるように促すことが子育ての大事なポイントとなります。

Y2 ❷ 親のストレスぶつけないで！

1コマ目：
ただいまー
アプーっ品

2コマ目：
テレビばっか見て‼
宿題やったの⁉ お母さんは一生懸命働いているのよ
え…

3コマ目：
あんたのためでしょ！！

4コマ目：
お金を稼ぐ厳しさを感じてもらいたいのよ。

へとへとになって帰ってくると、夕食を終えた子どもたちがテレビのお笑い番組を見て笑い転げています。急に腹が立ってきて「親がこんなに一生懸命仕事をしているのに、テレビばかり見て。勉強しなさい！　自分のためでしょ！」と言って、ブチッとテレビのスイッチを切ってしまいました。子どもたちは、ブスッとして子ども部屋に入っていきました。その後ろ姿を見て、少しかわいそうに思いましたが、これも子どもたちのためだから仕方ないですよね。

from teacher

A

親のストレスは、子どものストレス

親は子どもの親という役割の他に、生活を担う職業人であったり、親という責任者であったり、妻や夫であったり、またひとりの個人として毎日頑張っています。ひとりで何役もこなしているのですから、日頃のストレスを子どもに向けてしまうこともあるでしょう。

でも、子どもは子ども時代を楽しく過ごす必要があります。そして、その権利があります。子どもにも、勉強のことであったり、部活動だったり、友達関係だったり、子どもなりのストレスがあります。子どもはそのストレスを日々なんとか解消しようとしています。そこに新たなストレスが加わると、子どもは息がつまってしまいます。

親のストレスをいつも子どもに向けてしまって、子どもの心に負担がかかった結果、子どもがSOSとしての問題状況を発することがあります。例えば、体調が悪くなったり、イライラして乱暴になったり…、そうなると子どもにとっても親にとってもさらなるストレスがかかることになります。

ひとりで頑張りすぎないで、子どもに手伝ってもらったり、家事の手を抜いたり、昼寝したり、ママ友とおしゃべりしたり、スポーツや趣味をしたり、自分の親にSOSを出したりして賢くストレスを解消していきましょう。それでも解決できないストレスは、自治体の相談窓口で相談先を紹介してもらいましょう。寝付けなかったり、ぐっすり寝た気がしなかったり、やたらイライラする時は早めに心療内科なども利用しましょう。

お父さん、お母さん、頑張っていらっしゃいますね。そのがんばりは、口に出さなくても子どもたちには十分伝わっていますから安心してください。

ひとりで
頑張りすぎないで、
HELPを出しましょう!

3 どうしてあれもこれもダメなの！

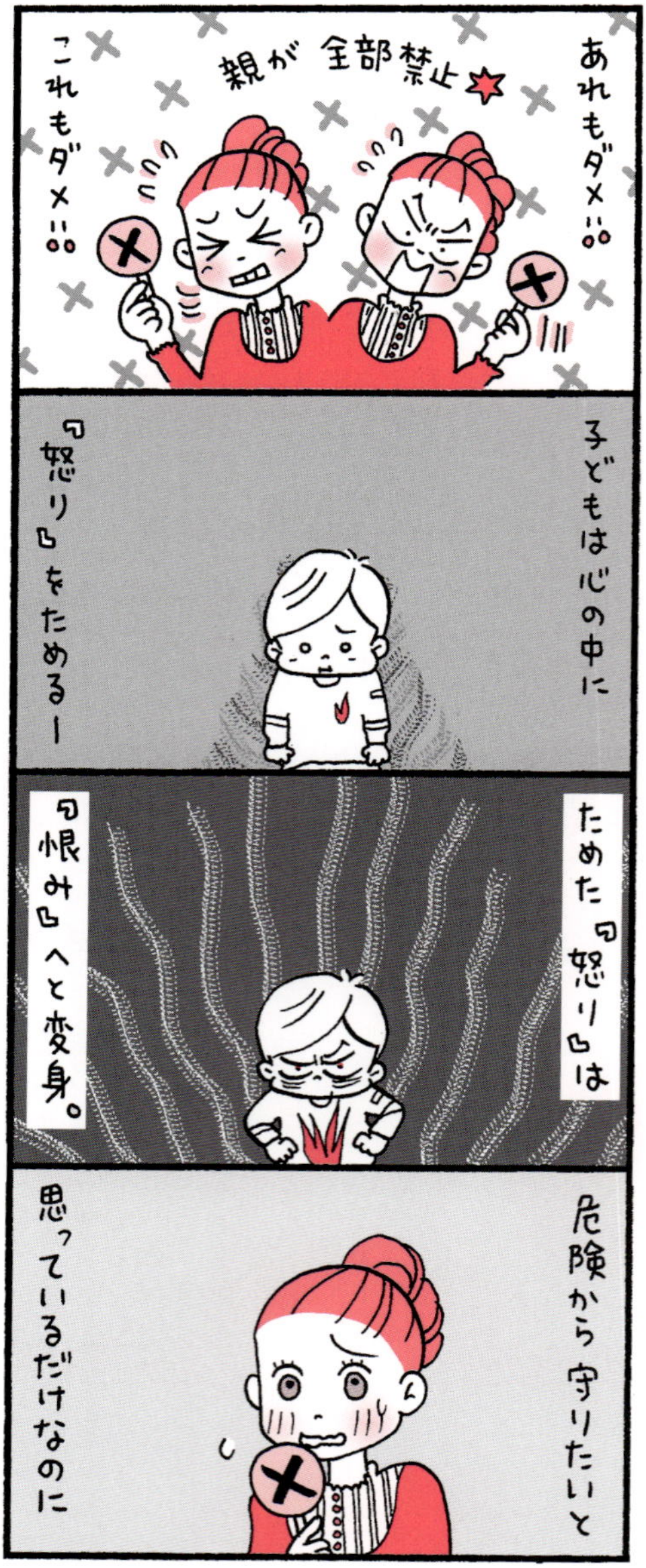
親が全部禁止
あれもダメ…
これもダメ…
子どもは心の中に
『怒り』をためるー
ためた『怒り』は
『恨み』へと変身。
危険から守りたいと
思っているだけなのに

中学校に入り、子どもの活動する範囲がとても広くなってきました。部活のない休日をとても楽しみにしていて、友達とあちこち出かけるようになりました。

しかし、先日友達同士で山に行きたいと言い出しました。山は危険だからと大反対しました。すると次には、海に行きたいと言い出しました。先日、海の事故の多さがテレビで報道されたばかりです。やはり大反対しました。すると今度は「湖でボート遊びがしたい」と言います。これももちろん危険だからと禁止しました。すると、息子は「いつもそうやって最初からダメだと決めつける」と何も話さなくなってしまいました。

なんだか不安になりましたが意見をしてはいけないのでしょうか。

from teacher
A

子どもの心に突き刺さる禁止の言葉

親は子どもが心身ともに健やかに成長してもらいたいと願っています。たしかに、子育てには、心配や不安がつきものです。そこで、つい厳しくし過ぎたり、子どもがやりたくても親が不安なことは禁止したりしてしまいます。しかし、そのようにされると、子どもは何をやろうとしてもダメなので、すっかりあきらめてしまい無気力になりがちです。

親と子どものタイプが違うとさらに親の心配や不安が大きくなります。親が子どもだった頃、家の中で遊ぶことが好きだったとしたら、外で遊ぶと「車にひかれるのでは？　怪我をするのでは？」など、親の心配はつきません。そこでつい厳しくしたり、禁止したりすることになります。特に、子どもの意見や考えを聞くことなしに、「親の言うことが絶対だ」といつも親の意見を通してしまうと、子どもはやりたいことを言わなくなります。そして、親子の関係が悪くなることがあります。
もちろん、子どものしたいことを無制限に許可することも危険ですね。

そこで、親子で意見が違う時は、まず、子どものやりたい気もちにも耳を傾けて、いったん受け止めてから親の気持ちを伝えることがコツです。例えば、子どもが友達だけで山登りに行きたいと言ったとします。「絶対ダメ！」という前に「どんな山なの？ 楽しそうな計画ね。行きたい気持ちはわかるけれど、子どもだけでは危険な山だと思うの。だから母さんは許可できないわ。」などと、親の気持ちを話すようにすると子どもは受け入れやすくなります。

まずは、子どものやりたい気持ち聞きましょう！

勉強で
1番になるんだぞ
2番じゃ
ダメダメ!!
そのために真剣に勉強しろ!!
やればできるんだから!!
必死

息子は小学校の先生に勉強ができるとよくほめられました。友達からもよく宿題の答えを教えてほしいと電話がかかってきます。

中学校に入り、父親は「素質があるんだから大丈夫。おまえはやればできる子なんだからきっと一番になれるぞ」と励ましています。子どもは、それに応えるべく夜遅くまで毎日勉強しています。友達からの遊びの誘いも断っています。私はそれを見ていて少しかわいそうに感じてしまうのですが、これでいいのでしょうか?

from teacher

A

辛すぎる親の過剰な期待

子どもは親の期待を感じながら成長しています。親からの期待は、適度であれば子どもが成長していく糧になります。しかし、期待が過剰になったり、いつも期待をされ続けていたりすると、子どもは必死にそれに応えることで疲労困憊してしまいます。親が発していた過剰な期待のメッセージは強烈な意味合いをもって子どもの脳裏に焼き付いています。例えば「おまえはいつだって一番になるんだよ」と言われ続けると、大人になっても、常に一番を目指すことで疲労困憊してしまったり、一番でなかったときに「自分はもうだめなんだ」と挫折したり、「一番になれそうにない」と思うことには全く挑戦しなくなったりします。また、期待に添うことが子どもにとって最優先事項になってしまうため、息を抜くことができずに人生を楽しめなくなってしまいます。子どもに親が期待をかけるのは、子どもに幸せになってほしいと願う親心からです。でも、親心がしらずしらずに子どもを苦しめていたとしたら、せっかくの親の愛情が伝わらないですね。では、どうしたら子どもが幸せな人生を送れるように親はサポートできるのでしょうか?

まずは、子どものことをよく知ることから始めてみませんか?

「君の好きなことは?」「一番やりたいことは?」と、子どもに聞いてみませんか? 子どもは自分の世界を親にわかってもらえることで、自分の気持ちを尊重してもらえると安心感を得ます。

すると子どもは、自ら目標を見つけて少しずつそれに向かって努力していけるようになります。最初は危うく見えるかもしれませんが、「子どもの人生は子どものもの」と親が腹をくくる必要がありそうですね。

5 コロコロ言うこと変えないで!?

お母さんは
その日によって
言うことが違う。。。
お母さんと
お父さんの
意見が
違う。。。
なにを基準に
行動したらいいのか
わかんな——い。。。
親も成長していて
その時に一番正しいと
思ったことを
!?
言っているんだけど—

子どもが学校から進路調査票をもってきました。私は、「塾の先生に聞いたら」と答えました。すると、「『この前はお父さんに聞きなさい』と言ったのに」と息子は不服そうでした。塾では「おうちの人とよく相談して」と言われたとのこと。そこで、息子がお父さんに聞いたら「お母さんに聞きなさい」と言われ、また私に聞いてきました。「自分のことだから自分で決めなさい」と息子に言ったら、「お母さんはいつも言うことが違う」と、私のことが信じられないと言われてしまいました。
親の言うことが変わってはいけないのでしょうか？

from teacher

A

異なったメッセージは子どもを不安定に!

幼い頃、子どもは親の言うことや先生の言うことが絶対だと思って成長します。親や先生からの言動が一致していると、それは、子どもが物事を判断する際の基準となっていきます。しかし、親から言われることが、毎回異なっている子どもは判断基準がもてなくなってしまいます。例えば「昨日は宿題をしてから遊びに行きなさい」と言われたのに「今日は遊んでから宿題をすればいいよ」と言われたとしたら、明日はどうしてよいのか分かりません。

もっとも子どもが判断に困ることは、言葉では「いいよ」と言っているのに、表情を見ると「ダメ」と言っているなど、言葉と表情が一致していない場合です。これを二重拘束（ダブルバインド）と言います。私たちはコミュニケーションの3～4割は言葉の内容そのもので受け取り、6～7割は言葉以外の声のトーンや言い方や表情、態度などから判断しています。例えば、男の子が「僕のこと好き？」と聞いて、女の子が「わかんない」と答えたのに真っ赤になったら、男の子はきっと自分のことを好きなのだと判断するでしょう。表情や態度は無意識に出てくるもので嘘がつけないからです。このように子どもも親の表情や態度からたくさんの情報を得ていますから、表情と言葉の中身が異なるメッセージは、子どもを不安定にさせます。

さらに、夫婦や祖父母との意見の行き違いも子どもにとっては大きな負担になります。子どもはどちらの意見に合わせてよいか混乱してしまいます。もちろん、親や祖父母も人間ですし、自分が子どもだった時代とは大きく生活環境がかけ離れていますから、いつも意見が一致することは難しいと思います。でも、家族がよく話し合っていたり仲直りしていたりしているところを見るだけでも子どもの心は安定します。

6 「よい子」でいるのもつらいんです！

はーいっ
はーいっ
なんでもやってくれる
わが子。
はあい
わかった
うん。
素直でいい子だなぁ

信じている×××

私の子どもはとても素直でよい子です。毎朝、新聞をもってきてくれるし、学校に行くときにゴミを出してくれたり、嫌がらずにお手伝いをしてくれたりします。洗濯物をたたんだり、食器を洗ったりもしてくれます。それだけではなく、毎日夜遅くまで勉強して成績も上位を保っています。部活でも副部長を務め、後輩からも人望を集めているようです。小さい時から、厳しくしつけてきた甲斐があったと私は満足しています。

間違っていませんよね。

from teacher
A

「よい子」の心の中は不満と涙でいっぱい！

親は自分の子どもが「よい子」だと本当に鼻高々ですね。誰が見ても申し分ない「よい子」は、理想の子ども像かもしれません。でも、そこに落とし穴が…。いったいどんな落とし穴なのでしょうか。それは「よい子」は「やりたくないなぁ」「嫌だなぁ」という自分の気持ちを素直に口に出すことができずに、しらずしらずにストレスをためているということです。本来、子どもらしい子どもは、ちょっと自分勝手に見えますが好奇心旺盛で自己主張できます。自分らしさを出せないで「よい子」を演じなければならない子どもは、心の中に不満や辛さをたくさん抱えています。

このように必死に親や周りの期待に応えようとする姿を「過剰適応」と言います。過剰に周りの期待に合わせながらも何とか今の生活を保っていこうとする子どもの姿です。このような子どもは、「本当の自分の気持ち」を押し殺して周りに合わせて必死によい子を演じています。友達や親に映画に誘われ、本当は「嫌だ」と言いたいのに、ニコニコ笑って「いいよ」と返事してしまったりします。いつもこのように周りの期待に合わせているので、子どもの心は疲労します。そのストレスがたまると、ある日突然思わぬかたちで爆発することがあります。爆発したことで子どもの心は一時的に救われますが、親も子も後味が悪くなります。それではどうしたらよいでしょうか?

「嫌だったら嫌って言っていいんだよ」と、子どもの否定的な気持ちも親がきちんと受け止めるという保障をしてあげましょう。そして、「嫌だ」という子どもの本当の気持ちを大切にしてあげましょう。

子どもの否定的な
気持ちも受け止めて
あげましょう!

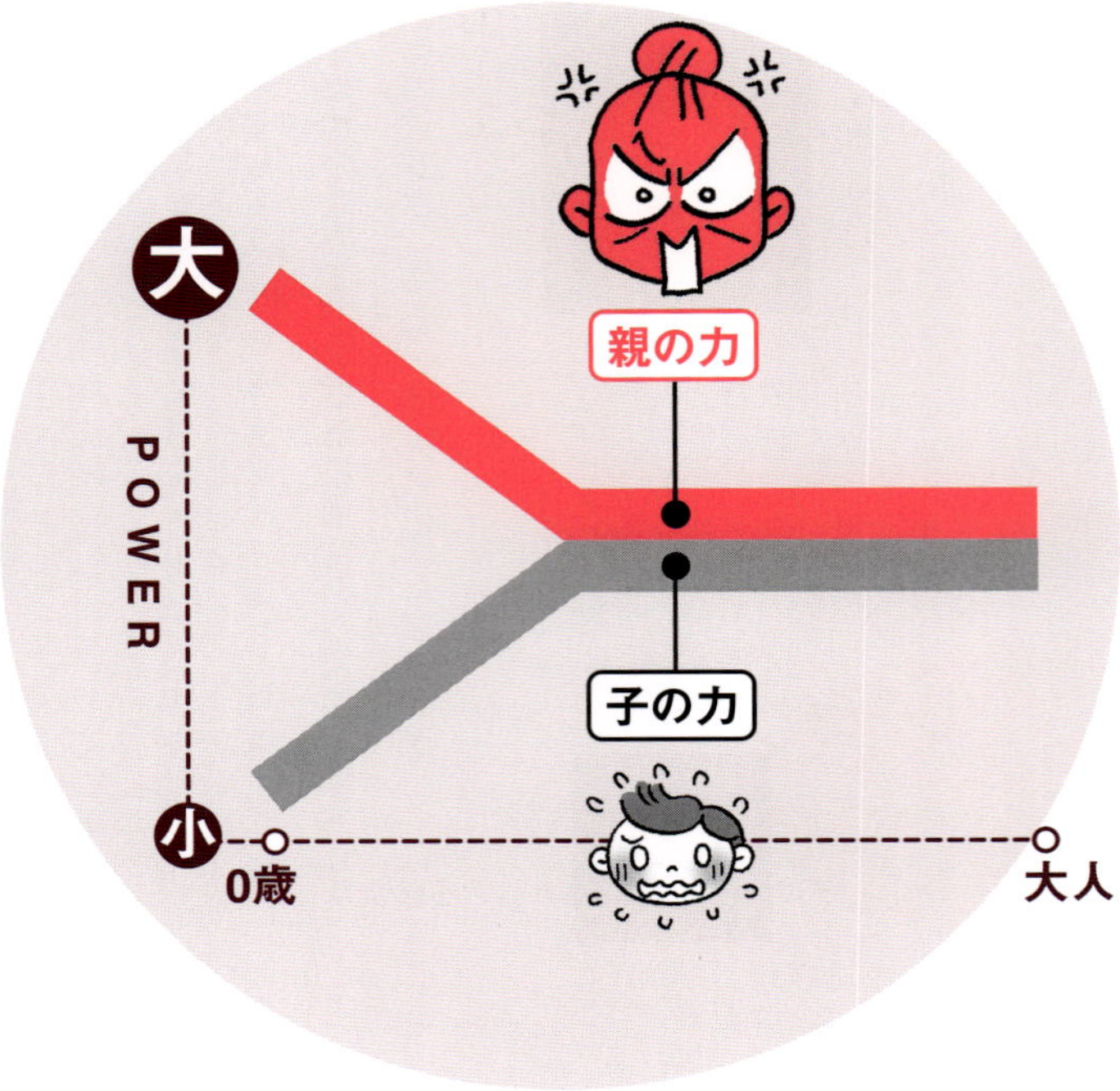
大
POWER
小
親の力
子の力
0歳
大人

Y3

目安：中学3年生頃〜

親に受け止めてもらえず あきらめる

そう言っていたら
突然――
叱咤激励のつもりだったのに×××

心当たりがあれば、
Y3のステージかも

check!

- □ 友達は多いが何でも話せる親友はいない
- □ なんとなくおどおどしている
- □ 生き生きとしていない
- □ 周囲に非常に気を遣う
- □ 進路を親や先生に任せっぱなしである

成績がよくていい子だねー
ホントに成績がいい
ところが中学生になったら。。。
成績急降下
もっと勉強しなさい!!
なんで成績が下がるんだ!!
そう言っていたら突然──
叱咤激励のつもりだったのに×××

私の長女は、小学校に入る前から、頭がよい子とほめられてきました。何も教えないのに、お兄さんが勉強するのを見て、ひらがなや九九を覚えてしまいました。小学校の先生もいつもほめてくれていました。ところが中学生になると、成績が芳しくありません。みんな期待しているのだから、もっと勉強するようにというと、泣きそうな顔をしながら夜遅くまで勉強していました。その甲斐あってか、最近は成績も取り戻してきたようです。少し安心していたところ、先生からピアスをしてきたと連絡があり、またまたびっくりです。

私は、どう接していけばよいのでしょう。

from teacher
A

子どもが成長する源は、無条件の愛

子どもが成長していくのには、無条件の愛が必要だといわれています。それはなぜでしょうか？　子どもは幼い頃、親を安心できる基地として、外への関心を広げたり、人間関係を広げていったりします。同時に親の価値観を少しずつ自分のものとして取り入れていったり、親の行動をも取り入れたりしていきながら成長していきます。

親が安心した基地となるには、親から無条件に愛されているという実感が必要となってきます。「あなたが私の子どもでいるだけで嬉しい」「あなたがいるだけでお母さんは嬉しい」「あなたはかけがえのない我が家の子ども」というのが無条件の愛情表現です。このようなことが子どもに伝わっていると子どもは心が安定して、ありのままの自分を肯定することができます。しかし、ともすると親はあまり意識することなく「成績が良いあなたはかわいい」「行儀がよいあなたは自慢の子だ」などとほめてしまいます。これは、条件付きの愛情と呼ばれています。「この条件が満たされていれば、親はあなたを愛しますよ」というメッセージが伝わります。子どもは条件を満たすことに必死になります。そして、その条件がもう満たせないと実感したときに、子どもは今度は叱られるようなことをすることで、親の注目や関心を引こうとするようになります。ほめてもらえるようなことをして親の関心を引くことができない代わりに、怒られることで関心を引く…それほど子どもにとって親の愛情や関心は大切です。

もうおわかりだと思います。怒られるようなことを子どもがしたときは「親の無条件の愛情が実感できないサイン」。このような時は、子どもの今できているところをシャワーのようにほめると効果絶大！です。さあ、今日から…。

塾も
友達も
洋服も
旅行先も
部活も
習い事も
勉強時間も
ぜーんぶ親が決めています
言うことを聞いていれば親に文句を言われないから
らくち〜ん
そんな生活が続いたある日ー
私って。。。
なんなんだろう?。
何が好きで何がしたいのか
わかんない。。。

勉強が遅れないようにネットで一番評価のよい塾を見つけて親が契約しました。制服も近くの先輩ママに聞いて一番評判のよいお店でそろえました。習い事もピアノ、水泳など私の計画にそって小さい頃から続けています。旅行先も子どもの体験としてよさそうなところを厳選しています。ところが先日、「私の夢」という作文の課題がでたとき、「私には何の夢があるの？教えて？」と、子どもが私に聞きに来てはっとしました。

子どもに苦労させたくないと思っていただけなのに、私の育て方は間違っていたのでしょうか。

from teacher
A

口を出しすぎると子どもは自分がもてなくなる！

親が子どものことを全て決めてしまうと、子どもは何にも考えられなくなってしまいます。このような子どもたちは「自分がない！」「自分らしさがわからない！」という悩みを抱えるようになります。これらの悩みは大人になってから深刻な悩みとなって表れることがあります。「自分で考え・自分で行動して・自分で責任をとる」ことが自立ですが、親が考えて、子どもに行動させて失敗した場合には誰が責任をとるのでしょうか？

もちろん、子どもは責任をとりません。なぜなら親が考えたのですから。「親が考えて行動させてたのだからその責任は親がとれ！」というのが子どもの言い分になります。例えば、友達と一緒に行きたかった学校ではなく、親が行けといった中学校に進学したとします。ところが、勉強が厳しすぎてついて行けなくて挫折したら、自分が選んだ中学校ではないので乗り越える力が出てきません。「親が中学校を選んだからだ！　どうしてくれるんだ！」と気持ちがおさまりません。反対に成功した場合でも、親が完成させた自由研究で賞をとったのなら全然嬉しくありません。自分がやっていないからです。

このように干渉されて育った子どもには特徴があります。質問されたときに、親の顔色をちらちら見て答えたり、場合によっては親の顔をじっと見て子どもは答えず、親が全て答えたりします。ちらちら親の顔を見るのは、自分の考えに自信がないため親の反応を見ながら答えるからです。場合によっては自分の意見はもたないために答えられない場合もあります。つい、口出ししてしまうのは、失敗させたくないという親の愛情からです。でも、そのことが子どもの成長に大きな影響を与えてしまうのですね。子どもには自分で考えて決定する機会をたくさんもたせてあげましょう。

今からでも大丈夫！
自分で考えて自分で
決定する機会を！

③ 親の夢を押しつけないで！

将来は弁護士か医師!!
成績は常にトップがあたりまえ!!
ずっしり
期待
プレッシャーにつぶされそうになりながらも―
お父さんに認めてもらいたい!!
必死に勉強!!
お父さんが大好きだから…

「将来は弁護士か、医者か、官僚か…、成績はいつもトップにいるのがあたりまえだぞ!」と夫はいつも子どもに言い聞かせています。夫は医師を目指していましたが、受験に失敗し現在会社員です。母親である私も実は大学受験に失敗しました。第三志望の大学に不本意な入学をし、そのことが心にずっとひっかかっていました。だから私も夫も息子にはぜひ一流大学に入り立派な職業についてもらいたいと願っています。それが息子の幸せだと思うからです。

息子も期待に応えるべく、必死に勉強してくれています。息子の自由時間は全くありませんが、勉強に没頭している息子を見て、私たちはとても満足していますが、これでいいんですよね。

from teacher

A

子どもの人生は子どものもの

子どもは親が大好きです。親が思っている以上に、子どもは親の期待や子どもに託している夢を読み取っています。親の思うような人生を子どもに歩ませることを俗に「レールを敷く」といいます。敷かれたレールを走るだけの子どもは、親の期待に添いたい気もちもあり、一生懸命親の夢の実現に向けてがんばります。

例えば、親が子どもを有名大学に入れたいなどです。しかし、それは時に親が果たせなかった夢（未完の行為…完遂できなかった行為）だったりします。親の未完の行為を子どもを通して実現したいという思いから教育熱心になっていることがあります。それは親の夢の実現化であり、子どもの夢とは関係ありません。

このような場合、多くの子どもは親の夢を実現し終わると、子どもは自分が何がしたいのかわからなくなってしまいます。有名大学に入ったはいいが、将来自分は何をしたらよいのだろうか？　と悩むことになります。

学校に通うのは、親ではなく子どもです。子どもに進路選択の決定権を与え、親は求められたらアドバイスをする程度がちょうどよいバランスですね。

子どもに夢を託す場合に、その夢がもしかしたら親が果たせなかった夢をしらずしらずに託しているのかもしれないと、ちょっと振り返ってみませんか？

そして、子どもの気持ちにも耳を傾けてあげましょう。「あなたは本当は何になりたいの？」

Ｙに当てはまる事が
たくさんあるけど、
どうしたらいいでしょう？

みんなＹの心あたりがあって当たり前。
私もありましたから…。
でも、ちゃんとＸへ軌道修正できますよ。
さあ、どうぞ次ページへ。

Yだったら
どうしたら
いいの?

子育ては、いつだって軌道修正できる!

Yだったら
どうしたら
いいの？

子育ては、いつだって軌道修正できる！

「どうも自分はYかな」と感じた方…ご心配いりません。子育ては、いつでも軌道修正できます。

私たちは、無意識に自分が育てられた方法を自分の子育てで再現しています。例えば、「親に何もかも干渉されてとても嫌だったから、自分は絶対にそうはならない」と思っていても、いつの間にか子どもにしっかり干渉していることがあります。何気なく子どもにアドバイスをしたつもりなのに、「お母さん、おばあちゃんそっくり」などと言われてはっとすることがあります。

このように子育ての方法や価値観は親世代から子世代へと伝わっていきます。誰もが子育ての癖をもっていますから、子育ての癖も伝わっていきます。

その癖が個性的な子育てでいい味になっている場合もあれば、逆に親も子どもも苦しむ場合もあります。自分に染みついている子育ての癖にはなかなか気づきにくいものです。気づかないと、子どもがSOSを出して知らせてくれることが多々あります。例えば、あまりにも厳しすぎると、自分らしさが封印されてしまうため、子どもは反発し親の価値観に反するような行動をします。門限を破ったり、家出をしたり…。逆に怒りを外に出せない子どもは、体調が悪くなったり元気がなくなったりします。そこで初めて親は自分の子育てを振り返ることになります。

それでは、Yに気がついたらどうしたらよいのでしょうか。

図をご覧ください。このグラフは子育ての軌道修正のグラフです。軌道修正の

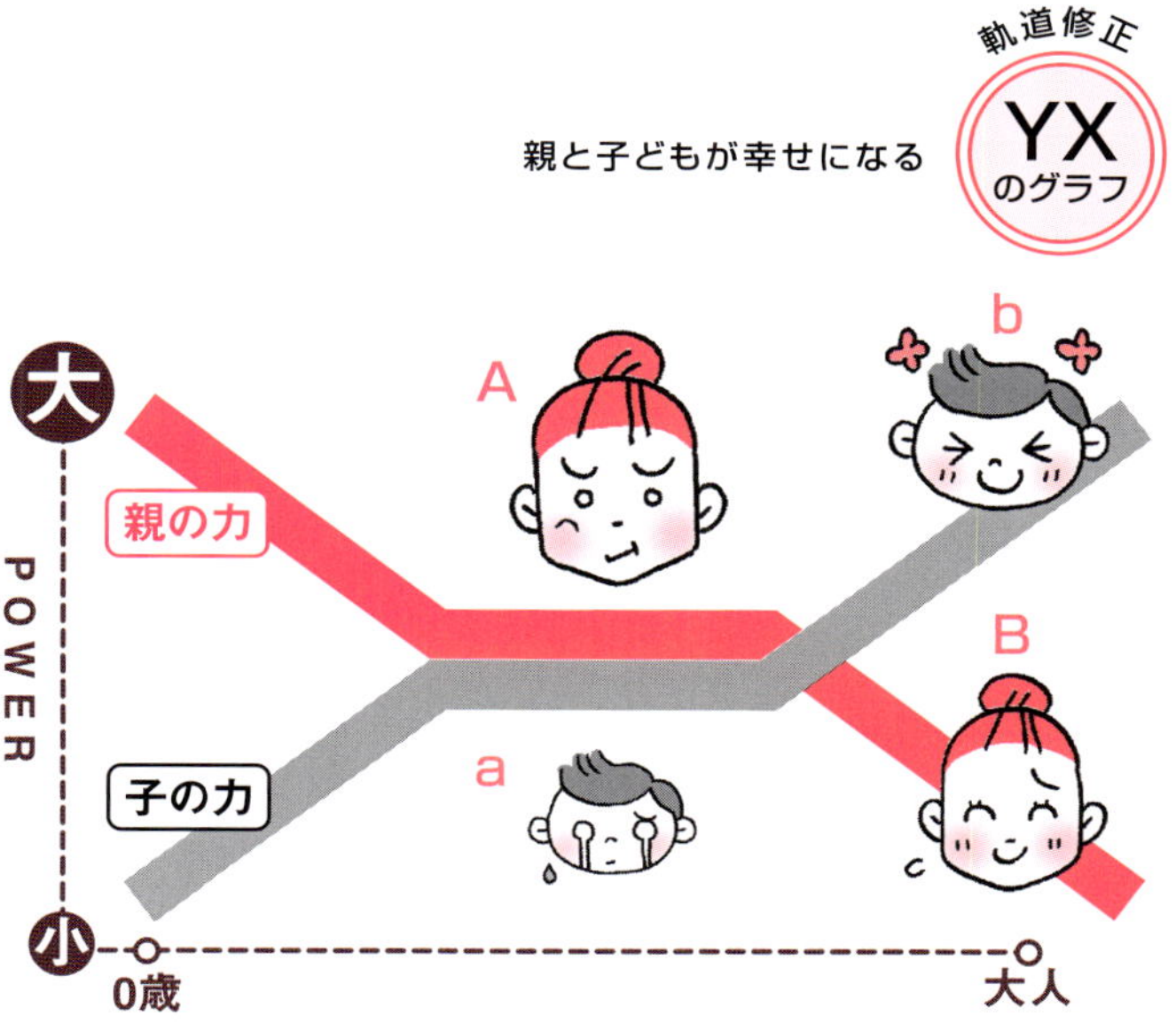

軌道修正
YX
のグラフ
親と子どもが幸せになる
大
小
POWER
親の力
子の力
A
a
b
B
0歳
大人

イメージは、グラフの後ろをXのグラフに近づけることです。

つまり、これまで親（A）がしらずしらずに子ども（a）へ圧力を与えていたとします。これに気づいた親が、「子どもを信じて少しずつ子どものことは子どもに任せるわ」と気持ちを切り替えていくと（B）、子どもは少しずつ自信を取り戻し、いろいろなことにチャレンジし自立に向かって歩み始めます（b）。しかし、この過程でXのように線が交わるため、今まで従順だった子どもが親に口答えするようになることがあります。

その時、親には不快な感情がこみ上げてくるかもしれません。例えば「親に口答えするなんて許せない」「親の言うことをきくのがあたりまえなのにむかむかする」などです。これらの感情は子どもが自立するときには、つきものの感情だと腹をくくりませんか。これができるかできないかが、軌道修正できるかどうかの分岐点となります。

軌道修正できるかどうかの分岐点をうまく通過するには、よい意味での諦めが必要となります。「え、諦めるの？　そんなことできない」と思われるかもしれません。「諦」めるとは、もともと仏教用語で「本質を明かにする」すなわち「真理を悟る」という意味です。

子育てにおける「諦め」とは、子どもは自分とは違うひとりの人格だと悟り、少しずつ子離れをしていくことだと捉えてください。

そのためには、子育ての羅針盤であるXのグラフを頭において、子どもの気持ちや考えを尊重しつつ、親も自分自身のこれからの人生を楽しむことだと思います。すると人生を楽しむ親をひとつのモデルとして、子どもは自立していきます。

「反抗期がない」とご心配の方へ

親と子どもの価値観が似ていると反抗期は小さなものになります。ちょっとむっとしたり、返事しなかったり。単なる不機嫌だと思って親が反抗期に気づかないこともあります。

子どもに暴力をふるわれている方へ

反抗期と言えども、子どもの暴力は容認しないことが鉄則です。一度でも暴力をふるわれたら、「一緒にいられなくなるからやめてほしい！」と真剣な表情で毅然と話してください。親への不満等は言葉で伝えるように子どもへ話してくださいね。話すことが苦手な子どもの場合にはメールや交換日記でもいいです。子どもが話し出したら途中でさえぎらないで、最後まで言い分を聞いてあげてください。それでも暴力が止まない場合には、お近くの児童相談所や精神保健福祉センター等へご相談ください。躊躇しないでくださいね。

対談

田村節子×高野優

これまで冷静に親子関係をXとYで説明してきたお二人ですが、著者も母親であることには変わりありません。理論よりも先に手が出てしまうことも…。今だから話せるお二人の経験を話し合っていただきましょう。

高野さんは
素晴らしい
お母さんですよ。
この時期を
おおらかに乗り越えて
いきたいです。

親に自分をぶつけることを通して子どもは大人になるのです。

田村　ここまで親と子の関係をXとYで説明してきましたが、最後は二人でお互いの子育てについて話し合いたいと思います。私は思い出しながらですが、高野さんは、今子育て真っ最中ですよね。

高野　私は娘三人と毎日バトルをしています。

田村　お嬢さん三人とバトルですか。私は高野さんと逆で男の子を三人育てました。

高野　人数は三人と同じですが、男の子と女の子の違いは大きいのではないでしょうか。

田村　そうですね。全ての方に当てはまるとはいいませんが、女の子は口が多く、男の子は手が多いかもしれませんね。

高野　わかります。私が何か言うとそれに対して十倍くらいに娘は返してきますね。逆も多いですが。

田村　それに比べると、男の子は口で言うのがもどかしくなって手を出してしまうことが多いのではないでしょうか。

高野　実は今朝、出かける前に、長女の頭をたたいてしまったんです。

田村　えー！　どうしてまた？

高野　長女が、「ふざけんな！」って捨てゼリフを言ったんですよ。それでさすがに私も頭にきてしまって。だって、親に向かって言ってはいけない言葉ってものがありますよね？

田村　そうですね。でも、普段はそんなことはないんでしょ。

高野　はい。ユーモアに溢れているせいか、人付き合いも上手なんです。もしも私が長女の同級生だったら、友人になりたいタイプかなぁと。だけど、家の中では結構怒りっぽくて…。だから長女が帰ってくると、家の中がちょっとぴりぴりするんです。

田村　なるほどね。でも、お嬢さんは上手にバランスをとっていると思うんです。家の外でいろいろと気を遣うのでお嬢さんは疲れているのでは。それで、その疲れを発散することで解消しているんでしょうね。そのバランスがとれているわけですから、お嬢さんは大丈夫ですよ。

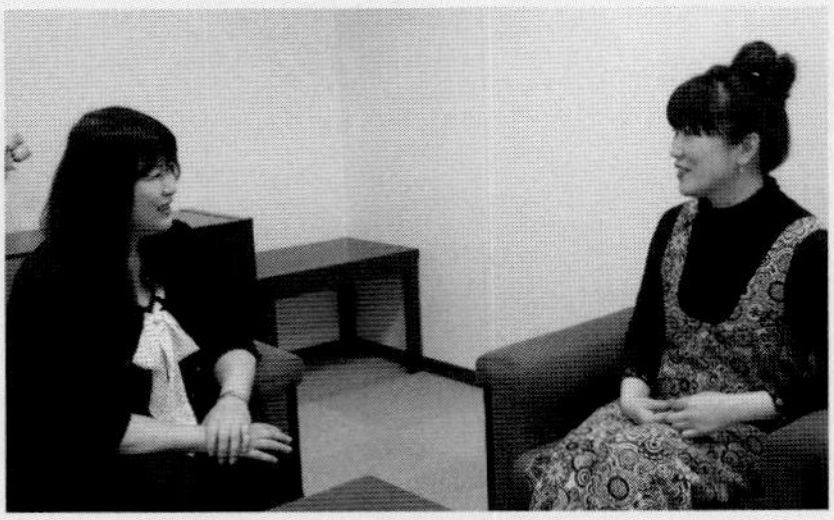

高野　言いたいことを言わずに、内側にためることがよいとは思えませんよね。

田村　そう。ためすぎてしまうとそれが一度に出てしまうこともあります。特に女の子の人間関係って難しいじゃないですか。思春期のこの時期にそれだけたくさんの友達に好かれているのは素晴らしいですね。

高野　親の目からも、たしかにちょっと大人だとは思いますね。

田村　それともう一つは、高野さんご自身がタフなことです。お母さんがタフでいることが大切なんです。

高野　私がタフなんだ!?　なるほどね。

田村　お母さんがタフじゃないと、子どもは自分を出せないんです。

高野　わかるような気がします。

田村　だって、よく考えてみてください。もし「ふざけるな！」って言われて寝込んでしまうとか、「私はどうしたらいいの」と泣き崩れるお母さんだったら、子どもは安心して言えないですよ。

高野　わかります。ただ、私は捨てゼリフのような言い方が嫌いなんです。ちゃんと面と向かって「ふざけるな！」って言うのならば、こちらも聞きますが、捨てゼリフはダメで…。そういえば、この本を書き始めた頃、次女に「クソババア」って言われたんですよ。私がしつこくしてしまったせいだと思うんですが、あの穏やかな次女に言われてしまった。そして、今朝、長女に「ふざけるな！」って言われてしまい…。その言葉を聞いたとき、私今まで何をやってきたんだろうと思いましたね。

田村　そういう時には、「そういうことを言われるとお母さん、傷つくんだ、だからやめて欲しい」とか、言葉で返してあげられると、いいですね。

子どもは親を乗り越えようとしている反面、かまって欲しいのです。

田村　子どもって、どんなことを言っていても親を尊敬しているものなんです。高野さんは素晴らしいお母さんですよ。そのお母さんを乗り越えるのですからハードルも高くなってしまうのです。女の子にとってはお母さんがモデルであり、男の子にとってはお父さんがモデルなんですね。だから、言葉で論破しようとしたり、それが無理ならば力でねじ伏せようとしたりする。女の子の場合には、お母さんより何かが上手にできるとかですね。それを乗り越えて大人になるんです。それがちょうどXの「バッテン」から脱していく時期なんですね。

高野　素晴らしいお母さんだなんて、初めて言われました。ありがとうございます。なるほど、Xの上に出て行く時期なんですね。それを越えて大人になっていくのですね。

田村　そうそう。今が脱していく時で、そこを越えていくのはやはり彼女にとっても大変なことだと思うんですよ。

高野　たぶんそれと、次女が中学に入学することで、最近ずっと次女にかかりっきりだったのもあると思うんです。

田村　それは大いにありますね。妹だけずるい、って思うんでしょうね。本人はもうすぐ大人になろうとしているのに、でも、まだまだ親を欲しているから、「こっちを見て」ってなるんですね。

高野　そう考えると、私はYの一番ダメな親だったわけですね。

田村　こっちを見て欲しいという気持ちは大きかったでしょうし、自分が毎日一生懸命やっていることを認めて欲しいのよね。

高野　きっとそうですね。以前、田村さんにも相談したことがあるんですが…。長女は時々不機嫌なときに、大きな音をたてて階段を上り下りしたり、ドアを閉めたりするんです。それは心理学用語で「ダンス」って言うんだと。大きな音を立てて「かまって、かまって、かまって!」ってアピールしていると教えていただいたんですよね。

田村　そうそう。怒っているんだぞっていうことで、「私を見て」って言っているんです。

高野　それを聞いてからは、「あっ、ダンスしてる」って、余裕が生まれるようになりました。かまって欲しいんだなって。そういうことを知っているのと知らないのでは、これだけ心の持ち方が変わるのかなって不思議に思いました。一度、長女の機嫌がよいときに、「それ、ダンスっていうらしいよ」って教えたんですよ。

田村　へー、言ったんですか。

高野　そうしたらすごい照れくさそうに笑っていましたね。

暴力は絶対に許さないが、これも一過性のものと思いましょう。

高野　子どもが暴力をふるう事例も聞きますよね。その時はどうしたらよいでしょうか。

田村　暴力は基本的にNGだと思うんです。特に力関係でいえば、中学生の男子の場合、お母さんより強いですから。我が家の場合は、私に対してではないですが、父親に対して息子の方が先に手を出していましたね。

高野　それって何歳くらいのときですか。

田村　うーん。みんな中学生の頃だったと思いますよ。

高野　やっぱり難しい年代なんですね。

田村　それぞれ部活と勉強とかいろいろ悩んでいるわけですよ。そこに父親が言った一言が癪に障って、「親父なんか何もわかっていないくせに」という感じで手が出てしまったんですね。

高野　ご主人は大丈夫だったんですか。

田村　体力では主人の方が上でしたので適うはずないのですが…。本当は息子に勝たせてもよかったのかもしれませんが、主人も真剣だったので、息子も観念しましたね。でもしばらくはブスッとしていましたが。その夜ですか、主人は余計な口出しはやめようと言っていました。息子の力が強くなり大人になったことを実感したようです。

高野　三人のお子さんたちの親との関わり方は、それぞれ違いましたか。

田村　次男のときも三男のときも実は同じだったんです。何気なく言った一言で、最後には手を出してしまって、という感じでしたね。

高野　結局同じことを三回ですか。田村さんの言葉を借りると、やっぱりお子さんもタフということになりますね。

田村　そうですね。そうやって出すことは大切ですね。もちろん最初はブスッとしていたけれど、でもその後別にそれを長く引きずることもないので。そこはやっぱり親子なんですよ。最後は説明すればわかりますよ。

高野　うーん。だけど「クソババア」って言われたら、ダメージがものすごく大きくって…。親としてはね。「うっせーんだよ。クソババア」って言われたときに、「あ、成長している。OK!!」とはなかなか思えない。思う前にすごく落ち込むんじゃないかと。「あんなに可愛かった子が…　えー?」っていう喪失感みたいなものをどうやって親が乗り越えていけばいいんでしょうか。

田村　私は、そのためにこの本を作りたかったのです。親の側が子どもの自立のサインだというのがわかっていれば、子どもの成長としてとらえることができるからです。

「クソババア」って言われるのは、親子関係がXである証拠です。

高野　家はやはり安らぎで、ゆっくりしたいんです。一人でも不機嫌な子どもがいると、家の中の雰囲気まで染まることに抵抗があって…。長女が帰ってくると、つい、「機嫌がいいのかな？　悪いのかな？」と、考えてしまうんです。

田村　でも、逆に考えれば、その不機嫌さをありのまま出していることが大切でしょう。彼女の気持ちとしては、きっと、ほっとできる場所だから自分の気持ちを素直に出しているのでしょう。思春期のお子さんのいる家はどこでも同じでしょう。

高野　どこも同じなんですか!?

田村　出方はいろいろですが、これはどうしても通らなければいけない道です。

高野　ぴりぴりした険しい道なんですね。

田村　あとお母さんの方もそろそろ更年期にかかってきて、お母さんもイライラしているんですよね。そして子どもとぶつかってしまう。でもXは必ずぶつかるんです。そこを突き破って行くには、子どもにもお母さんにもある程度の痛みが伴うのですね。

高野　そうですね。痛みですね。成長を喜びたい気持ちはあるんですが、複雑な感じですね。

田村　子ども自身もどうしようもないのよね。自分に起きている体の変化だったり、心の変化だったりしているわけで、かまわれたくないっていう中で自分を作っていくしかないのだから。だから、子どもも「クソババア」って、心を痛めていると思うんですよ。親も子どもも両方が痛みを伴いながら思春期を越

えていくんでしょうね。

高野　子どもが「クソババア」って言ったら親は拍手ってよく田村さんが言われるのは、そういうことなんですね。

田村　そうですね。

高野　とは言っても、正直拍手まではできないんです。親の気持ちは、徐々に変わるのでしょうか。

田村　たぶんね。通り過ぎて後からふり返ったときに、「ああ、よかった」って思えるのかもしれない。その最中は痛みを伴っているから、素直に喜べないのでしょうね。

高野　よくわかりました。今までのように、背が伸びたとか、足が大きくなったという外面的な喜びではないんですね。内面的な成長だから、親もものすごく戸惑うんですよね。

田村　そうですね。子どもにとっては自分作りなんですね。自分の価値観を確立する時期なんです。その時に全部親に指示をされてそれに従ってしまうと、自分がない子どもになってしまうのです。自分がないと、自分は何が好きで、何ができるかわからず、自立できなくなってしまいます。その自分を作るのが「今」というとても大切な時期なんですね。

高野　まさに「今」がとても大切な時期なんですよね。長女と次女は、Xの「バッテン」の時期で「クソババア」って言っていますが、これは今だけのことで、ずっと続くということはありませんか?

田村　それはないです。

高野　それがわかると、私も含め親御さんはほっとすると思うんです。でもその間は長く感じるでしょうね。

田村　長くはないけれど、長く感じられると思います。

高野　ちょっと辛い時期があって、そこがきっかけでその後はまた新しい親子関係、それも瑞々しい親子関係が生まれるということでしょうか?　痛みを越えたからこそできる関係ですね。

田村　今のまとめ、とてもいい言葉ですね。

高野　Xを通り越すからこそ、いい親子関係になれるということを、常に頭において、この時期をおおらかに乗り越えていきたいです。

田村　Xの「バッテン」を通過する時のためにこの本を読んでいただけるととっても嬉しいです。

＊おわりに＊

わが家の台風の目（別名長女）、依然、衰えを知らず。
ぐんぐんと勢力を増しながら周りを振り回したあと、
なんにもなかったかのように、口笛を吹いてみたり。

それにしても、
思春期の子どもがこんなに扱いにくいとは！
ただうろたえているだけで、なんてなさけない。

歯が生えたら手を叩いて喜んで、
はじめて「ママ」と呼ばれたときは涙ぐむ。
そんな甘くてやわらかな日々は、
思春期にたどりつくための助走にすぎなかった。
子育ては、ここからがきっと正念場。

子どもが激しく反抗をしてきたとき、
一体どうしたらいい？

全身でぶつかってくる姿を前にして、
黙って耐えるのも違う気がするし、
理解があるふりをするのも、どこか違う気がする。

「子どもにクソババァと言われたら」

まさに当事者の私。
お子さんの思春期にとまどっている方も、
これから思春期の壁にぶつかりそうな方も、
この本にぎゅっとつまったヒントを解きながら、
ゆったりと乗り越えることができますように。

嵐のような時期を過ぎたら、見える風景が変わるはず。
こうなったら、クソババァなりに、
一皮でも二皮でも剥けてみせましょうか。

高野　優

PROFILE

田村 節子
(たむら・せつこ)

博士(心理学)・学校心理士
三兄弟の母。子育てと仕事の両立に奮闘する中、大学院に入学。学校心理学と出会う。スクールカウンセラーとして多くの親子と向き合い「親と子が幸せになるXとYの法則」を発見。「XとY」をNHK教育テレビ「となりの子育て」で紹介し、その回がNHK特選ETVに選ばれる。現在、東京成徳大学准教授。おもな著書に「保護者をパートナーとする援助チームの質的分析」(風間書房)、「新おねしょ革命」(共著、教育出版)など。

高野 優
(たかの・ゆう)

育児漫画家・エッセイスト
三姉妹の母。漫画を描きながら講演をするという独特なスタイルで、全国を巡業中。NHK教育テレビにて「土よう親じかん」(2008年4月〜2009年3月)、「となりの子育て」(2009年4月〜2010年3月)の司会を務め、子育てパパ・ママからの支持も厚い。「吾輩ハ母デアル」(学習研究社)、「みつばのクローバー」(主婦の友社)など、著書は約40冊。韓国や台湾でも翻訳本が発売されている。

思春期の子育て羅針盤
子どもにクソババァと言われたら

2011年6月8日　初版第1刷発行

著　者　田村節子　高野優
発行者　小林一光
発行所　教育出版株式会社
〒101-0051 東京都千代田区神田神保町2-10
TEL 03(3238)6965　FAX 03(3238)6999
URL http://www.kyoiku-shuppan.co.jp/

DTP デザイン　伊藤由希子
印刷　大日本印刷株式会社
製本　上島製本

ISBN978-4-316-80310-4 C0037